慈善微阅读

成云雷　陈艳秋　著

山东人民出版社·济南
国家一级出版社　全国百佳图书出版单位

图书在版编目（CIP）数据

慈善微阅读 / 成云雷，陈艳秋著.--济南: 山东人民出版社, 2023.1
ISBN 978-7-209-13526-9

Ⅰ.①慈… Ⅱ.①成… ②陈… Ⅲ.①慈善事业－中国－通俗读物 Ⅳ.①D632.1-49

中国版本图书馆CIP数据核字（2021）第206290号

慈善微阅读
CISHAN WEI YUEDU
成云雷　陈艳秋　著

主管单位　山东出版传媒股份有限公司
出版发行　山东人民出版社
出 版 人　胡长青
社　　址　济南市市中区舜耕路517号
邮　　编　250003
电　　话　总编室（0531）82098914
　　　　　市场部（0531）82098027
网　　址　http://www.sd-book.com.cn
印　　装　青岛国彩印刷股份有限公司
经　　销　新华书店

规　　格　32开（148mm×210mm）
印　　张　8.25
字　　数　200千字
版　　次　2023年1月第1版
印　　次　2023年1月第1次
ISBN 978-7-209-13526-9
定　　价　36.00元

前 言

习近平总书记说："大爱无疆、仁者爱人。这种舍己为人、乐善好施的高尚品质，是社会主义核心价值观的具体体现，是中华民族传统美德的具体体现。"中华民族以慈悲为怀、扶危济困、助人为乐等为核心特征的优秀慈善文化，在数千年的历史进程中充分发挥着陶冶情操、启迪思想、凝聚人心的积极作用，并且薪火相传，不断发扬光大，形成全民族仁爱、博爱的传统美德。在和平时期，慈善文化是社会成员之间的守望相助、和谐相处。在战乱灾荒之年，慈善文化则会爆发出抵御灾难、解民倒悬的强大自救和互救力量。

如何传承和弘扬中华优秀慈善文化，本书采取的是讲故事的方式。我国在数千年历史发展中积累了大量的慈善故事，善言激发良知，善行堪为世范。讲好中国慈善故事，传播中国慈善声音，挖掘中国慈善智慧，是普及、弘扬中华优秀慈善文化的重要途径。

本书作者受中华慈善博物馆委托，自2017年3月开始，先后编写中华慈善故事200余则，并在该馆微信公众号以“中华慈善微阅读”为专题陆续推出。这些故事文化底蕴深厚，文字轻松活泼，深受广大读者的喜爱。《慈善微阅读》收入慈善故事198篇，共分六辑。第一辑到第五辑内容大多来自古代经史著作或文学作品，第六辑主要讲述的是现代社会的人和事。这些慈善故事，篇幅虽小，其中蕴含的正能量却大，对于培养公民慈善意识，形成和谐社会风气具有重要意义。

本书作为“微阅读”系列的最新作品，成书时间较长，在创作过程中得到了中华慈善博物馆领导和相关部门的大力支持，在此特别表示诚挚的感谢。希望本书的出版，能够有助于传承和弘扬中华优秀慈善文化，培育和汇聚社会各个阶层的爱心，让宝贵的慈善资源惠及全体人民，为实现中华民族伟大复兴的中国梦提供精神指引。

慈善

目　录

慈善

第一辑

■ 君子莫大乎与人为善。——《孟子·公孙丑上》

■ 长太息以掩涕兮，哀民生之多艰。——屈原《离骚》

鲁义姑姊

春秋时期，齐国攻打鲁国。在逃难的鲁国百姓中，有一位妇人，一手抱着一个小孩，一手牵着一个小孩往前跑。眼看齐军追上，妇人把抱着的小孩丢下，抱起原本牵着的小孩逃命。

齐军将领问被扔下的小孩："逃跑的是你的母亲吗？"小孩说是的。齐军将领再问："你母亲手里抱着的是谁？"小孩回答不知道。齐军追上妇人后，将领询问两个孩子的身世。妇人回答道："扔掉的是自己的孩子，抱着的是侄子。"齐军将领说："难道儿子不如侄子亲吗？"妇人说："亲生儿子，岂能不爱？侄子虽非我亲生，救他却是公义。我如果不顾公义，只顾私情，即使带着儿子跑出去了，以后鲁国的百姓也会看不起我，邻居也不会再与我来往。"

齐军将领听了大为感动，放走了妇人和两个孩子，同时向齐国国君报告："鲁国的一个妇人尚且如此持节行义，何况那些朝臣大夫呢？这样的仁义之国，不可冒犯，我们还是退兵吧！"齐国国君觉得言之有理，就命令齐军撤退回国了。

鲁国国君知道了这件事，称妇人为"义姑姊"。此后，妇人所在的村子被称为"南义村"，村子附近的山被称为"鲁姑山"。鲁义姑去世后，后人在鲁姑山上修了一座鲁姑祠纪念她。

管鲍之交

管仲是春秋时期齐国大政治家，他年轻的时候家里很穷。

管仲的好朋友鲍叔牙知道他的家境，就找他合伙投资做生意，并独自出了绝大部分本钱。可是，赚了钱以后，管仲却分得比鲍叔牙还多。鲍叔牙的仆人看了说：“这个管仲真奇怪，本钱出的比我们主人少，分钱的时候却拿得比我们主人还多！”鲍叔牙听后对仆人说：“不可以这么说！管仲家里穷又要奉养母亲，多拿一点儿没有关系。”还有好几次，管仲帮鲍叔牙出主意办事，结果把事情办砸了，鲍叔牙也不生气，还安慰管仲说：“事情办不成，不是因为你的主意不好，而是因为时机不好，你别介意。”

管仲和鲍叔牙之间深厚的情谊，成为代代流传的佳话，人们常常用“管鲍之交”来形容好朋友之间彼此友善和信任的关系。

秦穆公失马

秦穆公是《史记》中记载的“春秋五霸”之一。他雄才大略，富有进取精神，继位以后任用百里奚、蹇叔、由余等谋臣，国力大增。秦穆公曾协助晋文公回到晋国夺取君位，巩固了秦晋之好。

秦穆公有一次坐车出行，车子坏了，拉车的马脱缰跑掉。秦穆公找到时，看见有人已经把马杀了，并且在一起吃马肉。秦穆公对他们说：“这是我的马呀。”这些人都惊恐地站起来。秦穆公却说：“我听说光吃马肉不喝酒会伤身体。”于是一一赐酒，这些杀马的人惭愧地离开了。

过了三年，晋国军队攻打秦国，秦穆公被围困。以前那些杀马吃肉的人说：“咱们应该为君王拼死作战，来报答他曾给我们食马饮酒的恩德。”在这些人的竭力帮助下，秦穆公冲出了包围，并且俘虏了晋惠公。

赵简子放生

春秋时期，晋国有一位手握重权的大臣赵简子，他喜欢在过年时让老百姓捉斑鸠送到他府中，让他放生。

大年初一这天，邯郸的老百姓纷纷涌进赵简子的府邸向赵简子进献斑鸠。赵简子非常高兴，给予他们丰厚的赏赐。

赵简子的一个门客在一旁站了很久，他问赵简子为什么要这样做。赵简子说：“大年初一放生，表示我对生灵的爱护，我有仁慈之心啊！”门客沉默一会儿，回答道：“您对生灵有如此的仁慈之心，实在难得。但是不知您想过没有，如果全国的老百姓都知道您要拿斑鸠放生，从而争先恐后地捕捉斑鸠，那么会有多少斑鸠被打死打伤啊？如果您真想救斑鸠一命，不如下道命令，禁止捕捉斑鸠。现在您让老百姓捕捉这么多斑鸠献给您，您再放生，那么您对斑鸠的仁慈还不能抵偿您对它们造成的伤害呢！”

赵简子听了门客的话后，背着双手踱来踱去，仔细地思考了一阵子，点头赞许道：“你的话很有道理。”随后赵简子下了禁令，禁止捕捉斑鸠。

孙叔敖杀两头蛇

孙叔敖是春秋时期楚国的令尹。他年幼的时候就已经展现出一心为人的高尚品格。

有一天，孙叔敖看见一条长着两个头的蛇，便杀死它并且埋了起来。回到家后，孙叔敖大哭不已。他的母亲问他为什么哭，孙叔敖回答道："我听说看见两头蛇的人必定要死，刚才我就看见了一条，所以我害怕自己会死去。"母亲又问他："蛇现在在哪里？"孙叔敖说："我担心别人再看见它，就把它杀掉埋起来了。"母亲欣慰地说："你自己遇上危难，还肯为他人着想，这是积了阴德啊！我听说积有阴德的人，上天会降福于他，所以你不会死的。"

孙叔敖长大后，做了楚国的令尹，他还没有上任，人们就都相信他会是个好官。孙叔敖为官期间，节衣缩食，施教导民。他虽贵为令尹，官高位显，但始终清廉俭朴，多次拒绝楚王赏赐。孙叔敖一生不受封地，不置田产，没有积蓄。他过世后，其子穷困仍靠砍柴度日。孙叔敖的高尚品格，备受后人赞誉。司马迁在《史记》中称其为"循吏第一"。

范蠡散尽家财做慈善

在中国传统文化中，范蠡与姜子牙、张良、诸葛亮一样，是智慧的化身。吴越争霸，越王勾践能够打败吴王夫差，范蠡功劳很大。历史上的范蠡，除了是政治家、军事家，还是一位非常富有并广施善举的慈善家。

据《史记》记载，范蠡在帮助勾践雪会稽之耻、平灭吴国之后，便辞官引退，游历各国。范蠡颇具经商才干，他在行至齐国后，以鸱夷子皮为化名从事商业买卖。很快，范蠡就积累下千金家财，成了齐国的首富。齐王得知范蠡的才能，便拜他为相。然而，手执相印的范蠡想到了生活于贫困之中的百姓。于是，他将财富全部接济穷人，辞去了相职，重以布衣之身前往陶地。

陶地位于齐、宋、卫国的交界处，范蠡认为这里是天下的中心，与各国交通便利，在此从事贸易必可致富。于是他又化名陶朱公，再次开始经商。果然，陶朱公不久后便大获其利，家产第二次累至千金。但是他发现，陶地同样有许多人贫苦不堪。于是范蠡又一次将千金散尽，资助穷人。

据说范蠡在十九年的从商经历中曾“三至千金”。古人以“三”言多，三次是多次的意思。范蠡每到一地都能富甲一方，然而对天下穷人的悲悯让他一次次将千金散尽。在布施财富之余，范蠡不忘传授人们经商获利的方法，希望借此为穷人找到致富的门路。

中国人有“功德成神”的文化传统，凡有功于百姓、有功于社稷者，皆被尊崇为“神”。陶朱公范蠡死后，被民间尊崇为“文财神”。百姓们希望在他的保佑下，家家户户发家致富，过上好日子。

子罕仁爱不图报

子罕是春秋时期宋国的贤臣。当时宋国有个人得到了一块美玉，欲把它献给子罕，子罕不肯接受。献玉的人说："我已经拿给玉工看过了，玉工认为它是宝物，所以我才敢进献给您呀！"子罕说："我把不贪财视为珍宝，你把美玉视为珍宝。如果你把玉给了我，那么我们两个人都丧失了珍宝，不如各人持有自己的珍宝。"

献玉的人叩头，对子罕说："我怀中藏着美玉，到哪里都不安全，还是把它送给您吧。这样我就可以免于被人谋财害命了。"于是子罕留下美玉，让玉工雕琢它，又把雕琢后的美玉卖了出去，把钱给了献玉的人。献玉的人成了富翁，子罕还派人把他安全送回家。

子罕家南边的邻居是个鞋匠，鞋匠家的屋墙挡住了子罕家的道，进出很不方便。一天，子罕的朋友士尹池看到后问："您贵为宋国大臣，怎么能容忍这种事？"子罕回答说："这家邻居祖孙三代都为别人做鞋，在都城很有名气。我如果动用自己的权力把他们赶走，买鞋的客户找不到新址，就会影响他们的生意，甚至使他们无法生活。我于心不忍，委屈下自己也没关系。"士尹池听完，对子罕佩服得五体投地。

后来，宋国发生了饥荒，子罕向宋平公报告，请求拿出公室的粮食借给百姓，让大夫们也把粮食借出来。子罕将自己家的粮食借给别人，却不要借据，也不要求别人归还，还以那些缺少粮食的大夫的名义，借粮给百姓。宋国人渡过了饥荒，百姓都称赞子罕。

宋就以德报怨

梁国大夫宋就曾任边地县令，他的辖区与楚国毗邻。当时，梁、楚两国的百姓都在各自边亭种了一块瓜田。梁亭的百姓经常给瓜田浇水，他们种的瓜长得很好。而楚亭的百姓非常懒惰，很少给瓜田浇水，瓜的长势不好。看到梁亭百姓的瓜长得好，楚亭的百姓心里很不是滋味，他们趁着天黑偷偷去糟蹋梁人的瓜秧。不久，梁亭百姓发现瓜田受到楚人的破坏，就向宋就请示要去糟蹋楚人的瓜田。宋就没有采纳，说："仇怨是灾祸的根由，如果因为别人的嫉妒就去报复，那太偏激了。"

随后，宋就派人悄悄地为楚亭百姓的瓜田浇水。楚人发现自己瓜田的瓜长势越来越好，很是惊讶。于是便暗暗查访，发现是梁人一直在暗中帮助他们浇水。

楚人大为震撼，便把这件事情汇报给了楚王。楚王知道事情的始末后，感到非常惭愧。为了表达歉意，楚王派人带着丰厚的礼品向梁国边境上的百姓道歉，并请求与梁国交好。

自从宋就妥善处理边亭瓜田事情后，楚国和梁国的关系变得融洽起来。

冯谖买“义”

战国时期，齐国的相国孟尝君田文广收奇才异士，有“孟尝门下三千客”之称。

冯谖就是孟尝君门下的食客之一。孟尝君问他有什么才能，他说：“我什么都不会。”于是孟尝君把他定为三等门客，三等门客的待遇比较低，吃的是粗茶淡饭，出门没有车，也没有俸禄去养家糊口。冯谖就用手指弹着佩剑吟唱：“长剑啊长剑，我什么都没有！”如此三弹三求，孟尝君听说后，一一满足了他的要求。

有一次，冯谖受命去孟尝君的封地薛邑收债，临行前他向孟尝君征求意见，收了债后，是否买些什么回来。孟尝君说：“你看我家缺什么就买什么吧。”冯谖到了薛邑，免除了百姓的债务，并当众烧毁了债券，宣称这是孟尝君的恩德。冯谖回来交差，对孟尝君说：“我为您买来了‘义’。”孟尝君虽然心中不悦，认为无此必要，但也没有责怪他。

这件事发生后不久，齐王听信谗言，让孟尝君交出相印，于是孟尝君退隐薛邑。孟尝君去薛邑时，百姓出城百里相迎。孟尝君见此情景，笑着对冯谖说：“先生为我买的‘义’，我今天看到了！”

怀清台的故事

秦代巴郡有一个名叫清的寡妇。她继承祖先留下的朱砂矿，积累了许多家财。

传说秦始皇修筑长城时，清曾慷慨出资。秦始皇被清疏财卫国的大义之举感动，下诏封她为“贞妇”，以表彰她的忠贞爱国之心。秦始皇又念清年事已高，没有子嗣，孤苦无依，特地降旨接她到咸阳颐养天年。可惜，清到咸阳后不久就卧病不起，几经治疗无效，最终客死咸阳。秦始皇按照清的遗愿，将其灵柩运回她的家乡，厚葬于长寿龙山寨，在墓地修建怀清台，表达对她的怀念和敬意。

漂母饭信

韩信年少时家境贫困，饭食不继，常到邻居家讨吃的，邻居们很讨厌他。后来无奈，韩信又到南昌亭长家里寄食，时间长了，亭长妻子也很不高兴，想把他撵走。有一天，天还没亮，亭长妻子便生火做饭。别人还没起床，她们家已经吃完早饭。等韩信来的时候，饭菜早已经被吃光了。

韩信一气之下离开了亭长家，跑到河边钓鱼。河边一群妇女正在漂洗衣物，有位热心肠的老妈妈发现韩信饿得可怜，就把自己的饭菜送给他吃，此举竟持续了几十天。韩信万分感谢，许诺日后如有出头之日必当重谢。老妈妈听后生气地说："男子汉大丈夫不能自己挣饭吃，我看你可怜才随意给你些吃的，谁图你报答？"韩信听后更是感激。

后来，天下大乱，群雄四起，韩信投靠了刘邦。丞相萧何知道韩信很有才干，便多次向刘邦举荐他，韩信终得重用，当上大将。韩信回到故乡，找到当年那位送饭给他吃的老妈妈，以千金报答了当年的舍饭之恩。

中国历史上第一位女医生义姁

义姁，汉武帝时河东（今山西西南部）人，是我国历史上第一位有记载的女医生，被誉为“巾帼医家第一人”。

义姁从小就聪明伶俐，喜欢钻研医术。有游医经过村里，她总是跟在后面，观察望闻问切、把脉听诊的方法，不明白的地方就虚心求教。时间长了，她积累的医学知识越来越丰富。

有一天，外村抬来一个久治不愈的腹胀病人，病人的肚子胀得像一个灌满了气的皮球。义姁仔细诊断后，取出几根针在病人的下腹和大腿扎了几下，然后拿出一包自制的药粉撒在病人的肚脐上，并给病人熬服汤药。三天以后，病人的腹胀开始消退，呼吸也变得均匀，不久就痊愈了。自此以后，义姁的医名便在方圆百里传开了，许多病人慕名而来。义姁热心地为百姓看病，治好了许多疑难杂症。

后来，汉武帝得知义姁医术精湛，将她召入宫内，拜为女侍医，专为太后治病。义姁不负众望，治好了太后多年的顽疾，深得太后信任。

二疏城和散金台

汉宣帝时，疏广在朝廷任太子太傅，他的侄子疏受任太子少傅。

在任五年后，疏广对疏受说：“我听说，知足不辱，功成身退，这是天道。”随后两人上书，请求告病还乡。皇帝考虑到他们年事已高，就答应了，并赐给他们黄金二十斤，皇太子另外赠金五十斤。

叔侄俩回乡后，父老乡亲登门看望，他们设宴盛情款待大家，并拿钱财救助乡邻，而不留给子孙。有人劝疏广买田置业，他说：“我并非不为子孙考虑，只不过家里原本就有土地和住宅，子孙如果辛勤劳作，足够他们穿衣吃饭，生活不会比普通人差。如果将皇上赏赐的钱留给他们，只会让他们变得懒惰。贤明的人如果有过多的财富，就会抛弃自己的志向；愚昧的人如果有过多的财富，就会增加他们的过失。另外，这笔钱是皇上赏赐给我用来养老的，我与族人、朋友分享，以此安度余生，有何不可？”当时的人们都很敬佩他。

“二疏”去世之后，乡人感念他们散金之惠，在其旧宅附近筑了一座方圆三里的土城，取名为“二疏城”，城内建有散金台和二疏祠，世代祭祀不绝。

朱邑济民

西汉人朱邑，字仲卿，安徽庐江人。

汉宣帝时，朱邑任桐乡啬夫，管理地方诉讼和赋税。他出身于农家，了解民间疾苦，为政廉平不苛，爱护平民百姓，体恤孤寡老人，受到百姓的爱戴和崇敬。后来，朱邑调任北海郡太守，在任期内，微服私访，息讼平冤，为民作主；平时力劝农桑，兴利除弊，奖掖后进。因为政绩卓著，朱邑被选拔入京，任职大司农，为朝廷掌管租税钱谷盐铁等项，尽职尽责，受到皇帝器重，跃居卿位。

朱邑生活俭朴，凡有赏赐，总是用来接济贫困的亲戚朋友或邻里乡党，为官数十年，家中没有多余的财产。朱邑临死前嘱咐儿子："我曾是桐乡小吏，那里的老百姓很敬爱我，我同样很想念他们，我死后，你要把我葬在桐乡。"朱邑死后，当地百姓怀念朱邑生前业绩，不仅主动为朱邑修起了大冢，还建起了祠庙，岁岁祭祀，数百年烟火未绝。

大儒伏湛

西汉伏湛，出身于大儒之家。他的九世祖是著名经学家伏生，高祖父伏孺在汉武帝时以精通儒学而闻名于世。其父伏理也是当时的名儒，曾经担任汉成帝的太傅，专门教授《诗经》。伏湛年轻时承继父业，教授学生数百人。

西汉末期，战乱四起，外戚王莽建立新朝。当时，伏湛担任平原郡太守。他对家人说：“如果一季粮食没有收成，国君就会吃不下饭；如今百姓都在挨饿，我们怎么可以独自饱餐？”于是，他和家人一道吃粗粮，把自己的俸禄全分送给乡邻。伏湛手下的一个官员看了，十分敬佩伏湛，想乘势招募士兵为伏湛打天下。伏湛却厌恶他招摇惑众，无事生非，将他关押在狱中，并告诫百姓不要信他。平原郡因此在战乱中保持一方安宁。

樊重富而好仁

西汉末年，河南南阳有个叫樊重的人。他曾想制作一些常用的器皿，于是种了许多梓树和漆树。人们都嗤笑他，想不通他为什么要大费周章地先种树，而不是直接取材做器皿。后来，他种的梓树和漆树都长成了有用之材，过去讥笑他的人，现在反倒向他借木材，但是樊重还是把木材借给了他们。

樊重性格温和厚道，祖孙三代同堂共财。樊重对农事很有研究，在他的带领下，全家人共同努力，开辟了田地三百多顷。他还养鱼牧牛，日常生活中的各种需求，樊重家都能自给自足。樊重家“资至巨万”，他经常接济贫苦族人，恩德遍及乡里百姓。

樊重活到八十多岁去世，他生前借贷给别人的钱达几百万，临终前，他吩咐家人把文契全部销毁。欠债的人家听说了此事，很是惭愧，争着归还欠款。樊重的儿子遵从父亲遗愿，始终没有收下这些钱。

朱晖和张堪

张堪是东汉时期南阳豪族，小时候被人们称为“圣童”。长大后，他文武双全，先后任蜀郡太守、渔阳太守。张堪在太学时，认识了一位南阳老乡朱晖。这位朱晖也是一位义士，在乡里颇有声誉。

两人一见如故，张堪握着朱晖的手臂说：“若我早逝，我想把妻儿托付给您。”因为责任重大，再加上张堪年长，朱晖只是拱手而没有应承。此后两个人再也没有见面。后来，张堪去世，朱晖听说张堪的妻儿生活贫困，就亲自前往探视，并送去大笔钱财。朱晖的小儿子对父亲的这一做法很不理解，朱晖则说：“我和张堪虽无深交，来往也不密切。但他生前将妻儿托付给我，这是对我的信任，我岂能辜负这份信任？我当时虽然没有说什么，其实内心已经答应了，所以我要履行我内心对张堪的承诺。”

邓皇后克己爱民

东汉和帝的皇后邓绥，是东汉开国重臣太傅邓禹的孙女，克己为怀，廉退谦和。

和帝册立邓绥做皇后的时候，她推辞避让了多次。和帝敬她德冠后庭，坚持册其为皇后。各藩国得知，竭力访求奇珍异宝进献入宫。邓绥却说："宫中奢华无度，民间百姓必劳役繁重，皇后母仪天下，不应该克扣民众。"于是，她下令禁止进贡奢玩之物，每逢佳节，只准进献一些纸墨。邓绥做皇后以后，整顿后宫奢华之风，带领嫔妃学习德行，崇尚节俭。

后来，和帝去世，邓绥做了皇太后。有几年旱涝不断，很多地区受灾。邓绥夜不能眠，下令削减高级官员的用度，并规定除了祭祀寺庙以外，朝廷官员不得吃精米白面。邓绥以身作则，每天只吃两顿粗茶淡饭，帮助百姓渡过了难关。

济世医圣仁心仁德

张仲景，名机，南阳涅阳县（今河南邓州）人，东汉末年著名医学家，被后人尊称为“医圣”。

当时巫术盛行，贫苦人家有人得病，常去请巫婆降妖捉怪，耽误了治疗时机，不少人因此丧命。张仲景四处奔走，用医术驳斥巫术，同巫医、巫婆进行了坚决的斗争。

有一次，张仲景遇到了一位妇女。这位妇女一会儿哭一会儿笑，疑神疑鬼的。她的家人以为这是“鬼怪缠身”，要请巫婆前来驱邪。张仲景仔细观察病人的气色与神情后，对家属说：“这不是鬼怪缠身，而是热血入室，是受到严重刺激引起的。”他为病人扎了几针，又开了几服药，没过多久妇女就痊愈了。在他的努力下，很多穷人不再迷信巫术，转而相信医生。

据传张仲景曾任长沙太守，每逢初一、十五，大开府衙，在公堂上为百姓看病。后世人们把坐在药铺里给人看病的医生称为“坐堂医生”，以此来纪念张仲景。

张仲景曾表明自己的志向是“上以疗君亲之疾，下以救贫贱之厄”。他创作《伤寒杂病论》，将自己的医术毫无保留地传给同行与后人，体现了博大的济世情怀。

荀巨伯探友

《世说新语》中记载了东汉名士荀巨伯探友的故事。

有一次，荀巨伯千里迢迢去探望一个生病的朋友，刚好碰上敌人攻打朋友所在的郡城。朋友怕连累荀巨伯，劝他找机会离开。荀巨伯说：“我远道而来看望您，刚到这里就离开，败坏道义来换得生存，我怎么能做出这样的事情呢？”

在敌人围攻郡城期间，荀巨伯始终陪在朋友身边悉心照顾。由于防守力量薄弱，郡城最终还是沦陷了。敌人蜂拥进入城内，看见荀巨伯，迷惑地问道：“大军一进城，这里的人都跑远了，你是什么人，竟然敢留下来？”

荀巨伯回答道：“我的朋友身患重病，我不忍心丢下他一个人，如果你们非要杀他，我愿意用我的命来抵换。”敌人听后大受震动，相互议论说：“我们这些不讲道义的人，却侵入了这个有道义的地方。”于是，敌人撤军而回，整个郡城因此得以保全。

管宁善化民风

管宁，字幼安，春秋时期著名政治家管仲的后代，三国时期魏国贤士。在暴力横行天下的三国时代，讲求操守的管宁是一股清流，他被当地百姓推崇为不慕名利的榜样。

管宁年幼时，以“割席”教育朋友华歆，引导他淡泊名利。后来，管宁为了躲避战乱，前往辽东隐居，择近井之地，结庐造室，开荒种田。避难百姓慕名而来，管宁住地渐为乡邑，越发兴旺。

管宁的邻居家有一头牛，牛在田里乱跑踩坏了稻田。管宁没有生气，反而牵着牛到清凉的地方放养。邻居看到后非常惭愧，从此以后尽心看管自家的牲畜，避免它危害稻田。

乡里有一口井，人们为了先打到水以方便日常使用，争先恐后地早起排队。有些起得迟的乡民不愿排队，常因插队和其他人发生争斗。管宁听说后，就买了许多打水的器具放在井旁，天不亮就前往水井，将所有器具打满水放在一旁，等人们前来取走。因打水而争抢的人深受感动，感到十分惭愧，逐渐养成自觉遵守打水秩序的好习惯，风气由此变好。

克己为人的骆统

骆统是三国时期的东吴名将，一生勤政爱民，惠泽百姓无数。

有一年，骆统管辖范围内发生了灾荒，百姓们饥饿难忍，非常困苦。骆统减少自己的饮食，送米施粥，救济老弱病残之人。骆统的姐姐品行很好，看见弟弟辛苦忙碌，非常心疼，屡次问他究竟是什么缘故要这样克扣自己接济他人。骆统说："现在百姓都在忍受饥饿，我怎么能够独自吃着饱饭呢？"姐姐便说："既然是这样，为什么不和我商量而要独自受苦呢？"于是，姐姐马上拿出自己平日节省下来的谷米，交给了骆统。骆统在一天之内，就把粮食分给了灾民。

后来，骆统的姐姐又把事情告诉了他们的母亲，母亲听后很欣慰，认为骆统贤德，吩咐家人把粮仓里的米拿出来分发给百姓，骆统由此声名远扬。

杏林的由来

三国时，吴国人董奉有很高的医术，后世将他与华佗、张仲景并称为“建安三神医”。

据《三国志·士燮传》注引，交州刺史士燮得恶疾昏死已三日之久，董奉将一粒自制药丸塞入士燮口中并灌水少许，过了一会儿，昏死的士燮便神奇般地张开眼睛，手脚也能动弹了，“颜色渐复，半日能起坐，四日复能语，遂复常”。类似的记载详见于《神仙传》中，由此可见董奉医术的高明。

董奉常年在庐山附近为人治病，但从来不肯收酬金。得重病的人，如果被他治好了，他就让病人种植五株杏树；病情不重的人被他治好了，他就让病人种植一株杏树。

几年后，经董奉治愈的患者成千上万，植下的杏树有十几万株，郁然成林。董奉在此修身养性，“杏林”之称由此而来。每逢杏熟时节，董奉张榜公告，凡是到此买杏者，不收银钱，只需用稻谷换取，一斗稻谷换一斗杏。董奉又将用杏换来的稻谷全部用来救济平民百姓。董奉医德高尚，百姓们都很感念他的恩情。他去世后，庐山一带的百姓在杏林中设坛祭祀。后来人们又在董奉隐居处修建了杏坛、真人坛、报仙坛，以纪念董奉。

由于这个传说，人们用“杏林”称颂医生，用“杏林春满”或者“誉满杏林”等词语来称颂医生的高明医术和高尚医德。

顾荣施炙

顾荣，字彦先，吴郡吴县（今江苏苏州）人。顾家是大家族，顾荣的祖父顾雍曾经担任东吴丞相。西晋末年，顾荣拥护司马氏政权南渡，成为江南士族的领袖。

顾荣在洛阳时，应邀前去赴宴。在宴席上，他发觉烤肉的仆人脸上露出很想吃烤肉的样子。于是他拿起自己的那份烤肉，送给仆人吃。同席的人都耻笑他做了有失身份的事。顾荣说："一个人每天都烤肉，怎么能让他连烤肉的滋味都尝不到呢？"

后来，战乱四起，晋朝大批人南渡长江，每当顾荣遇到危难的时候，总会有一个人在左右保护他。顾荣很感激他，便询问他保护自己的原因，这才知道原来他就是当年烤肉的仆人。

闻鸡起舞的祖逖

晋朝祖逖是历史上赫赫有名的将军，成语“闻鸡起舞”说的就是他的故事。

祖逖年轻时，与刘琨一同担任司州主簿，两人感情深厚，常常同床而卧，同被而眠。一次，祖逖半夜听到鸡叫，认为这是上天在激励他上进，便叫醒刘琨到屋外练武。

祖逖轻财豪放，慷慨任侠。每次到种田人家去，他都要把谷米和绸布分给贫苦的人家。有一年，京师发生了叛乱，祖逖带领亲戚和几百户同乡到淮泗一带避难，他把所有的车子、马匹让给老人和病人乘坐，自己一直坚持步行。逃难途中带的药物和衣服食物，祖逖也与大家一起分享。

后来，晋元帝任命祖逖为刺史。在任期间，他一直致力于率部北伐，收复失土。祖逖去世的时候，老百姓悲痛万分，像失去了亲人一样放声痛哭。

庾亮不卖的卢马

庾亮是东晋名臣，他有一匹非常厉害的马，人一骑上去，这匹马就知道骑它的人有没有驾驭它的本事。骑它的人要是本事差一点儿，它就发起性子来拼命地蹦，拼命地跑，把背上的人折腾得够呛，然后摔出好几丈远。

相马的人说，这匹马有个名字，叫“的卢”，是骏马，也是凶马。相传的卢马妨主，骑它的人一定会受到牵连。听了这样的话，朋友们都替庾亮担心，他的家人更是着急得不得了。大伙儿都劝庾亮把的卢马卖了。

庾亮却说：“我要是卖马，必定有买的人，那样岂不是害了别人吗？我怎么可以因为凶马对自己有害就把祸患转移给别人呢？”庾亮最终把的卢马留了下来，朋友们都笑他傻。庾亮说：“从前有个叫孙叔敖的人，他看见一条两头蛇，因为听说看见两头蛇的人必死，就把两头蛇打死埋了起来，不让别人再看到它。古时候的孙叔敖不顾自己的性命为别人着想，我效仿他，不也是通达事理吗？”

阮裕烧车

东晋时期有一位名士叫阮裕，他和竹林七贤中的大名士阮籍是同宗。阮裕为人通情达理，做事公正无私，德行为当时的人们所称赞。

阮裕有一辆造型美观、价值连城的车，连拉车的马也是百里挑一的好马。尽管阮裕把这辆车视若珍宝，但只要有人向他借用，他总是很爽快地答应。

有一次，一位邻居因埋葬母亲而需要用车，但想到阮裕的车太好了，不敢开口向阮裕借用。后来，阮裕知道了这件事，叹息道："我虽然有车，但车太好了反而让别人不敢来借用，那我的车又有什么意义呢？"说罢，阮裕就一把火把他心爱的车子烧掉了。

怜老惜贫的孙晷

孙晷，字文度，晋吴郡富春（今浙江富阳）人。虽然家财丰厚，孙晷却粗布麻衣，勤于耕读，乐在其中。每次年迈的父亲出门，孙晷都亲自服侍，途经乡间人家，他们就在门外篱笆旁稍作休息，唯恐影响他人的正常生活。

孙晷的哥哥体弱多病，常年卧病在床。孙晷总是亲自熬药，伺候哥哥服药，在哥哥休息后才返回自己的房间。为了治好哥哥的病，孙晷跋山涉水前去求医，每天恳切地为哥哥祈祷。

居家时，见到乡亲饥饿寒冷，孙晷都要前去救济；别人的馈赠，他却从来不肯接受。亲戚朋友中有些穷苦老人，因为生活窘迫不得不四处求人索要，不少人表现得不太友善。孙晷对待他们非常恭敬，经常邀请他们回家一同吃住，赠予物品。

有一年，当地遭遇饥荒，粮食价格飞涨。邻人饥饿难忍，偷割孙家的稻子。孙晷发现后远远避开，等邻人走远了，自己把稻子割了给邻人家送去。当时的人都称赞他的品行。

桑虞感愧盗贼

桑虞，字子深，晋魏郡黎阳（今河南浚县东）人。他天性至孝，德行出众。桑虞家有一个果园。瓜果刚熟的时候，有人翻过篱笆到果园里偷瓜。当时连年战乱，百姓流离失所。桑虞心想一定是贫苦百姓走投无路才来偷瓜果以求果腹的。

为了防止果园篱笆上的荆棘将饥民扎伤，桑虞让仆人悄悄把荆棘挪开，给小偷腾出一条通道。小偷背着瓜出来的时候，发现眼前一片坦途，知道是果园主人特意这样做的，心里既感激又惭愧，于是到桑虞家里向他叩头请罪。桑虞原谅了小偷的行为，还把瓜全部送给了小偷。小偷痛改前非，此后再也没有做过偷盗之事。

桑虞以责人之心责己，以恕己之心恕人，感愧盗贼，为时人所称颂。

沈道虔为善助人

南北朝时期有个叫沈道虔的人，他虽家境贫寒，却有一颗仁爱之心。

有人到沈家的菜园里偷菜，沈道虔外出回来刚好撞见，他没有声张，反而找地方避开，等偷菜的人走了他才出来。又有人拔他屋后的竹笋，他制止了对方，对拔笋人说："我很爱惜这些竹笋，想让它们长成竹林，我另外有大笋相赠。"于是他托人买了大笋送给拔笋的人。拔笋的人感到惭愧，不好意思接受大笋，沈道虔就让人把大笋送到拔笋人的家里。

沈道虔曾经到田野拾荒来贴补家用。一次，一同拾荒的两个人为了争抢稻穗而争吵起来，沈道虔劝不住他们，就把自己拾到的东西全部送给他俩。这两个人感到很难为情，以后每次做了不妥当的事，总说："算了吧，这事不要让沈居士知道。"

因为日子清苦，沈道虔在冬天的时候穿得很单薄。有个叫戴颙的人仰慕沈道虔的才学，找人为他做了衣服，还送给他一万钱。沈道虔把这些钱都分给了侄子们。乡里的少年来向沈道虔求学，他都认真教导，入学受业的人都能有所成就。

北魏孝子李彪

北魏名臣李彪幼时家境贫寒，他的父母很早就去世了，后由养父母李钦夫妇抚养他。李彪八岁时，他的养母又患重病，不久身亡。一天，李钦在街头听算卦的人说李彪命硬，克死了亲生父母，又克死了养母。李钦回家后就驱赶李彪，苦求无用的李彪只能上街乞讨。李彪虽被养父赶出家门，但他不恼不恨，每天把剩余的干粮积攒下来，隔一天就往家送一趟。李钦不让他进门，他就把干粮放在门口。后来李钦身患重病，卧床不起，李彪就把讨来的馍馍送到床前，靠讨饭养活养父。李彪的行为感动了养父，同时感动了当地的百姓，孝文帝在位时李彪被举荐为孝廉。

后来李彪受命出使南齐，齐武帝派人设宴款待他，席间乐队奏乐，场面隆重。李彪坚决推辞，说：“我们大魏国丧未过，我作为使臣怎敢这样奢华享受呢？”李彪回魏时，齐武帝亲自送他到琅琊城，还命群臣赋诗欢送。李彪前后六次出使南齐，都很出色地完成了任务。

慈善

第二辑

- 安得广厦千万间，大庇天下寒士俱欢颜！风雨不动安如山。——杜甫《茅屋为秋风所破歌》
- 安得万里裘，盖裹周四垠。稳暖皆如我，天下无寒人。——白居易《新制布裘》

辛公义大义改旧俗

辛公义，陕西狄道（今甘肃临洮）人，隋朝官员，以清廉爱民著称，入《隋书·循吏传》。

辛公义因战功升任岷州刺史。他赴任后发现当地有一个恶习：如果有人生病，他的家人就会远远避开，任其病情恶化。

辛公义决心改变这种陋习。他派人探访病人的家庭，把病人抬到官府公堂，提供食宿，并请医生医治病人，不久公堂就住满了人。辛公义把自己的俸禄全部用于病人的日常开销，与病人同吃同住，平时在公堂上摆一案榻，处理政务。

不久以后，那些病人痊愈了。辛公义派人把他们的家属请来，对他们说："以前你们抛弃生病的人，病人没有吃的、喝的，也得不到治疗，当然会死。现在我把生病的人聚集起来，一直留在他们中间，如果说互相传染，我今天就不能和你们说话了。今后家人生病，一定要送去治疗，并精心照顾。"病人的家属听后，都十分惭愧地拜谢离开。

从此以后，岷州风气大变，病人都能得到应有的照顾，老百姓亲切地称辛公义为"慈母"。

房彦谦为官致贫

隋朝人房彦谦为人正直，很有操守。他为官清白，所得俸禄都用来周济亲戚朋友，家里没有剩余的财产。虽然日子过得清贫，但他怡然自得。

房彦谦常对家人说："人家都因做官得禄而富起来；我做官，家里却越来越穷，我留给子孙的只有清白。"

房彦谦在长安做官时，体恤百姓，政绩卓著，百姓称呼他为"慈父"，并为他立碑，颂扬他的德行。房彦谦的儿子房玄龄后来官至宰相，取得了很大的成就，是中国历史上有名的贤相之一。这与房彦谦教子有方是分不开的。

崔氏以礼教子

郑善果曾经担任隋代沂州刺史、鲁郡太守等职务。他的母亲崔氏是历史上有名的贤母，常常躲在阁内听儿子处理公事，有不合理的地方就批评，郑善果后来成为当时有名的清官。唐朝建立后，郑善果在多地为官，身居要职，但其母崔氏仍坚持纺纱织布，贴补家用。

郑善果不忍心母亲这么辛苦，就对母亲说："儿子现在做了官，得到的俸禄很丰厚，您为什么还要这么辛苦自己呢？"崔氏回答道："我原以为你知事明理，听你这么说，才明白你还需要有人来开导。按照礼法，做官所得的俸禄，应当拿出去做善事，救济需要帮助的人，以表示先人的恩惠。至于纺纱织布，是我分内的事情，懒惰和安逸是不符合礼法的。"

当时的人们都称赞崔氏明礼知善。

李勣煮粥

李勣，字懋功，本姓徐，唐高祖赐姓李，以功封英国公。他担任宰相的时候，返乡探亲，发现姐姐生病了，就留下来侍候姐姐，每天给姐姐煮粥。煮粥时，为了控制火候，李勣对着火炉吹气，一不小心把火苗吹了出来，火苗烧焦了他的胡须。李勣赶紧弄灭胡须上的火苗，又紧接着煮粥，一心要给姐姐煮一碗好吃的粥。

古人认为“身体发肤受之父母”，不可轻易毁伤，一旦毁伤，就是对父母不孝。但李勣只关心姐姐能不能吃上可口的食物，全然顾不上他的胡须。

姐姐知道李勣为了给自己煮粥而烧坏胡须后，心疼不已，劝他说：“家里有那么多仆人，你何必亲力亲为，这么辛苦干什么呢？”李勣立即回答：“您病得这么重，让其他人照顾，我不放心。您现在年纪大了，我自己也老了，就算想一直给您煮粥，也没有太多机会了。姐姐比我年长，小时候是您照顾我，现在就请让我来照顾您吧。”

唐太宗仁爱为民

唐太宗李世民是一位雄才大略的君主，他选贤任能，仁慈爱人。

太宗即位后，吸取了隋朝灭亡的教训，关心人民疾苦，采取一系列政策，休养生息。有一年，关中一带发生严重的蝗灾，农田颗粒无收，百姓苦不堪言。太宗去巡视灾情，在田间捉起几只蝗虫向天祷告："百姓靠谷物维持生存，请你们以后不要再吃谷物，过错由我一个人承担。"返回皇宫后，太宗下令所有的皇亲国戚、朝廷官员都要缩减开销，力戒奢侈。同时减轻税负，命令各地打开粮仓救济灾民。

在领兵征战期间，即使普通士兵负伤生病，太宗也一视同仁，给予关怀。有一位士兵生病，不能随军征战，太宗亲自到士兵病床前慰问，并叮嘱当地官员给予士兵妥善治疗。战争结束后，太宗下令将所有阵亡将士的遗骨收集起来，亲自祭奠，妥善安葬。

在太宗的推动下，唐朝的经济、政治、文化领域逐渐呈现出繁荣的景象，史称"贞观之治"。

唐临的仁爱之心

唐临，字本德，京兆长安（今陕西西安）人，历经隋、唐两朝。唐临性情宽容，非常体谅人。有一次他准备去吊丧，但身在外面，于是他让童仆回家取白衫，童子拿错了衣服，害怕得不敢进门。唐临知道以后，对他说："今天天气反常，不适合悲伤哭泣，我就不去吊唁了。"还有一次他让仆人煮药，仆人把药煮坏了。唐临只是淡淡地说："今天天色阴沉，不适合服药，你把药倒了吧！"

唐临年轻时曾经担任万泉县县令的属官。当时县里的监狱关押着十几名没缴租税的犯人。当时恰好赶上晚春时节，雨水及时，正是耕种的好时候。唐临禀报县令："囚犯也有妻子和儿女，如果晚春的时候不劳作，他们的妻儿会饿死的，请把他们放出来。"县令担心囚犯被放出后逃跑，没有准许。唐临说："大人如果怀疑他们，我愿意替他们担保。如果他们逃跑了，我愿意承担全部罪名。"县令同意后，唐临将囚犯全都召集起来，让他们回家耕种，并且和他们约定："春种结束，都要回到监狱里来。"囚犯们感激唐临的恩情，到春种结束时全部回到了监狱。唐临因为这件事而出名。

唐高宗的时候，唐临一直做到吏部尚书，深受朝廷信任。

百忍成家

唐朝郓州寿张（今河南台前）有个人叫张公艺，他家九世同堂，和睦家风受到朝廷表彰，张公艺的事迹甚至惊动了当朝皇帝唐高宗李治。

唐高宗东巡泰山时途经寿张，前去拜访张公艺，向他请教治家的方法。张公艺提笔写了一百多个“忍”字，呈给高宗，解释道：“和睦的家风来源于‘忍’，也就是礼让的意思。如果家中人人谦让，彼此协助，积极为家里作贡献，那么大家庭里当然就能和睦了。”

一个礼让齐家、九世同堂的和睦大家族，对家庭和社会所起的榜样作用，受到历代统治者重视，因此寿张县城虽然数次易址，但祭祀张公艺的张氏宗祠百忍堂总是奉敕在新址重建，且屡废屡修。

明嘉靖三年（1524年），寿张知县吴珂在《百忍石记》碑文中写道：“张公艺当与古大圣贤俱得不朽。吾思昭古以教新民，非张公之道不可训。”他把“百忍”二字大刻于石，立在寿张县衙公堂之下，“观民有讼于庭者，则循此道以诘之”。“百忍”成了寿张知县处理讼案调解纠纷的手段之一，每次断案，先以“百忍”责问开导。

言氏兄弟报恩

言大章、言大典兄弟是言子第三十八世孙，江苏常熟人。言氏兄弟年幼时，他们的父母离世，兄弟俩常常食不果腹。一年冬天，兄弟俩实在饿得厉害，想着去附近的天宁寺拿些供品充饥。大典踏着哥哥的肩膀翻过围墙，步入大殿，把供桌上的水果、点心装入袋中。临走前，大典心怀愧疚，面向佛像叩头，喃喃道："感谢菩萨帮助我们渡过难关，日后一定多行善事。"

为了改变处境，言氏兄弟一有空就躲在私塾的窗外听夫子讲课，晚上回家后仔细温习。城中的富商王公很佩服他们读书自强的精神，将女儿许配给言大章，并资助兄弟俩读书。唐高宗时期，言氏兄弟被举荐到朝廷，言大章初任朝散郎，后官至秘书少监，言大典任左拾遗。

武则天临朝后，言氏兄弟辞官回乡，设立言氏义学，收留孤儿到义学读书并为他们提供食宿。每年春秋两季，言氏兄弟到言子墓祭祀，向贫困百姓分发食物、衣被。后来天宁寺大殿在火灾中被烧毁，兄弟俩发起募捐筹资重建，兑现了当年的承诺。

一天夜里，有小偷潜入言氏义学，偷盗钱财。数天后，小偷被县尉逮捕，言大章被请到县衙旁听判决。看到小偷出身贫寒，言大章动了恻隐之心，不仅没有追究，还将小偷聘为看门人，允许他携带家小到义学居住。

言大典和言大章一起生活，弟弟对兄长毕恭毕敬。言大章去世后，言大典悲痛欲绝，倾注感情写挽诗一百二十首，闻者无不落泪。三年后言大典去世，人称“言氏二难”。

斗南一人狄仁杰

唐代名臣狄仁杰在武则天时期长期担任朝廷要职，被后人称为“唐室砥柱”。关于他的小说、影视作品很多，主要是歌颂他刚正不阿的一面，其实他还有许多仁爱慈善的故事流传于世。

狄仁杰在并州做官时，他的父母留在河阳。他登上太行山，回首南望，见一片白云在天上飘浮，对左右的人说：“我的双亲就住在那片白云下面。”他伫立怅望良久，直到白云散去方才离开。后世遂用“白云亲舍”“白云孤飞”等作为客居他乡思念父母之辞。

狄仁杰的同僚郑崇质要到很远的地方公干，但是他的母亲年老多病。狄仁杰主动对郑崇质说：“你母亲病重，你却要出远门，怎么能让亲人为远在万里之外的你担心呢？”于是狄仁杰去见并州长史蔺仁基，请求代替郑崇质出行。

蔺仁基非常感动，联想到自己与司马李孝廉之间正闹别扭，深感惭愧，便主动与李孝廉和解。他还经常对人称赞狄仁杰：“狄公之贤，北斗以南，一人而已。”后世遂用“斗南一人”比喻天下绝无仅有的人才。

在彭泽令任内，狄仁杰勤政惠民。赴任当年，彭泽干旱无雨，农田颗粒无收，百姓无粮可食，狄仁杰上奏疏要求朝廷开仓赈济，免除租赋，救民于饥馑之中。万岁通天元年（696年）十月，契丹攻陷冀州，河北震动。为了稳定局势，武则天起用狄仁杰任魏州刺史。狄仁杰到职后，改变了前任刺史过度使用民力的做法，让百姓返田耕作。契丹部听闻引众北归，魏州因此避免了一场灾祸。

郭元振乐善好施

唐朝人郭元振，从小就乐善好施。他十六岁的时候，在太学里读书。有一次，郭元振家里给他送来四十万钱学费，此时正好有一个穿着孝服的人来拜访他。那人对郭元振说："我家五代人都没有安葬好，散处在各个地方。现在我想把他们迁葬在一处，可是没有这么多钱，听说您家里有信使送钱来，您可否接济我一点儿呢？"郭元振没有询问来人的姓名，就把四十万钱全部借给了他，脸上没有一丝不舍的神色。

后来，郭元振官至宰相，因功劳卓著被封为代国公，深受皇帝器重。唐睿宗李旦称赞他"正直齐于宋璟，政理逾于姚崇，其英谋宏亮过之矣"，唐玄宗李隆基评价他"伟材生代，宏量镇时；经纶文章，今之王佐；出入将相，古之人杰"。

“王道本乎人情”的唐玄宗

唐代开元年间，朝廷号召宫女们为守卫边境的将士做冬衣。有一位士兵在拿到的短袍中得到一首诗：“沙场征戍客，寒苦若为眠。战袍经手作，知落阿谁边。蓄意多添线，含情更著绵。今生已过也，结取后生缘。”

士兵报告给了主帅，主帅又上奏唐玄宗。玄宗让宫女们传阅此诗，一位宫女称是自己所写，知道犯了规矩，愿意以死谢罪。

宫女名叫佩兰，原本是一位江南才女，被选入深宫后，自知再无出去的希望，每日闷闷不乐，常以写诗消遣。那日一时兴起，写了几句后，正在独自欣赏，不想被一太监撞见。情急之下，佩兰将诗稿塞进一件未完成的棉衣之中，假装继续缝制。后来她竟然将这件事情忘记了，等她再想起时，棉衣已经上交了。

不料玄宗并没有降罪，反而起了慈悲之心，谕旨赐婚，将她许配给得诗的士兵，并说：“何须待后生，我为你们结个今生缘。”边境上的将士知道这件事后，都大为感动。明代冯梦龙把这件事写进《情史》，并评论说“王道本乎人情”，对唐玄宗称赞不已。

贺知章金龟换酒

唐天宝元年（742年），诗人李白来到京城长安。他在长安没有朋友，孤身一人住在小客栈里。贺知章久闻李白大名，很喜欢李白的诗，听说李白来长安，就第一个去拜访他。两人相谈甚欢，贺知章向李白求取诗文，李白拿出《蜀道难》，贺知章还没读完，就惊讶地对李白说："看来，你就是天上下凡的诗仙呀！"

黄昏时分，贺知章邀请李白去饮酒，在酒店坐下，他才想起身上没有带钱。贺知章想了想，便把腰间的金龟解下来，作为酒钱。李白阻拦说："使不得，这是皇家按品级给你的配饰，怎好拿来换酒呢？"贺知章仰面大笑说："这算得了什么？今日有幸与仙人结友，可要喝个痛快！区区金龟哪能妨碍我俩一同享乐呢？"

两人都能喝酒，直到大家微醉时才告别。后来，贺知章向唐玄宗推荐李白，玄宗也已久闻李白大名，于是任命李白为翰林学士。

贺知章去世后，李白独自对酒，怅然有怀，想起当年金龟换酒，便写下《对酒忆贺监二首》。

郭子仪成人之美

唐朝大将郭子仪，没成名前在朔方节度使手下当牙将，崭露头角前的李光弼也在那儿做牙将。两人性格不合，经常吵架。

安史之乱爆发后，太子李亨即位，任命郭子仪为大将，让他带兵平叛。郭子仪举荐李光弼和自己一起出征。大家很不理解，郭子仪解释说：“李光弼虽然脾气有点儿倔，但在大事上很正直，而且有军事指挥才能。当初我和他闹矛盾，都是一些非原则性的小事，看人要从大处看，不能从小事上看。”后来，李光弼果然屡建奇功，为平定安史之乱立下了汗马功劳。中国传统文化中所讲的慈善，不仅仅是给人以物质利益，也包含给他人以发展的机会，所以孔夫子讲“君子成人之美”。

唐代宗任命郭子仪为尚书令，他不肯接受任命，道：“太宗皇帝曾任此职，因此后来的皇帝不再任命尚书令。陛下您守文继体，岂能因为亲近老臣，违背国家重要规制？而且国家久经离乱，冒领赏赐的人有很多，甚至一人身兼数职，贪图升官不顾廉耻。现在叛贼基本平定，正是端正法纪审查官员的时机，应从我开始。”代宗无奈，只得应允，并将他辞谢的事迹告诉史官，记入国史。历代立下大功的将领，很多不得善终，而郭子仪可以安享富贵并传之子孙，与他的宽广胸怀有很大关系。

刘晏济民

刘晏，字士安，曹州南华（今山东菏泽东明县）人，唐代经济改革家、理财家。

刘晏任转运使的时候，正逢藩镇割据、战火不断，军事费用都靠他筹措办理。刘晏既富机智，又善变通，他高价招募人手，前往各地了解物价。探子们相互传递情报，即使是很远地方的信息，刘晏几天内也可知晓。因此，他很熟悉商品的价格，低价买进，高价售出，将各地的物价也控制得十分平稳。这样一来，不仅国家可以获利，老百姓也生活得安稳。

刘晏认为君主爱民不在于赏赐多少财物，而应当让老百姓安于耕耘纺织。在税赋方面，刘晏向朝廷建议，在收成较好的年份正常收取赋税，在歉收的年份减免赋税或用国家的财力救济百姓。刘晏在各个地方设置专门官员，定期报告当地天气状况及庄稼收成情况，及时减免赋税并提供救济，百姓因此受益。

粜米自量

唐朝人李珏，家中世代居住在广陵江阳（今江苏扬州），他的父亲开了一家米店，以贩卖粮食为业。

李珏十五岁时，父亲有事外出，将家中经营的米店交给李珏打理。有顾客来买粮，李珏就把升、斗交给顾客，让他们自己量米。每笔生意只求两文钱的利润，以养活家人。

岁月积久，衣食丰足。李珏的父亲感到奇怪，询问原因，李珏如实相告。他的父亲感慨地说："一般米店，都是大斗买进，小斗卖出。我进出用一个米斗，已经算不错了。你把升、斗交给顾客自量，还能让家里衣食丰足，真是了不起啊！"

渔翁奇遇报恩虎

唐朝建中初年，青州北海县城北有一处古迹，叫秦始皇望海台。望海台附近有一个湖，湖边住着一个老渔翁张鱼舟。张鱼舟以打鱼为生，白天生活在船上，晚上才系船上岸进自己的窝棚。

一天夜里，一只大老虎闯进了他的窝棚，把张鱼舟吓得半死，他以为老虎要吃他，谁知这老虎趴在他面前伸出脚爪露出痛苦的神情。张鱼舟仔细一看，原来老虎的右爪上扎着一根刺。张鱼舟这才缓过神来，心想原来这只老虎是有求于我啊。他冷静下来，手握刺的一端顺势一拔，只听老虎大吼一声，吓得他连忙翻滚到一旁。他起身察看，老虎已经跃出窝棚消失在了长夜浓雾之中。第二天张鱼舟把这件事告诉了其他打鱼人，却没人相信，大家都以为他在说梦话。怎料当夜那只老虎又来了，嘴里还拖咬着一只野猪，张鱼舟上前一看，用手一摸，野猪才死不久，还有体温呢。“没想到这畜生也知道报恩哪！”张鱼舟心里想道。

打这以后，老虎每天夜里都要叼些东西过来，有时是鹿，有时是野猪，张鱼舟的日子也逐渐好起来。

白居易义修八节滩

唐穆宗长庆四年（824年），白居易由杭州刺史改任太子左庶子。到东都洛阳后，他在履道里筹钱买下一处官僚的旧宅，实现了“但道吾庐心便足”的夙愿。在洛阳期间，他发现龙门伊阙的河道比较危险，河床不平，时不时有“剑棱”怪石突出水面，堆积的卵石阻碍水道。来往船筏常触石遇险，人们称此地为“八节滩”。

白居易到龙门香山寺坐禅听经的时候，常常看到船公下水推船过滩的情形。特别是寒冬时，刺骨的顺河风吹着，船夫们赤脚踏碎薄冰，抖着身子弓腰推船前行。白居易为此难过得落下泪来，他有时甚至彻夜难眠，听着船夫们饥寒交迫的哀叹声发呆。白居易想：定要修好这条水路，为百姓们解除忧苦。唐武宗会昌四年（844年），已经七十三岁的白居易碰到好朋友悲智僧，说起修水路的事，二人志同道合，便携手实施计划。他俩走乡串户，四方游说，劝有钱的人家出资，贫穷的人家出力。由于筹集的经费不足，白居易不仅拿出了自己的积蓄，还忍痛变卖了自己心爱的皮袄，卖掉了为朋友元稹写墓志铭时元家赠送的银鞍玉带。八节滩终于修通了，船筏可以畅通无阻。白居易意气风发，写道：“心中别有欢喜事，开得龙门八节滩。”他还挥笔写下《开龙门八节石滩诗二首》，其中一首道：

七十三翁旦暮身，誓开险路作通津。
夜舟过此无倾覆，朝胫从今免苦辛。
十里叱滩变河汉，八寒阴狱化阳春。
我身虽殁心长在，暗施慈悲与后人。

伊阙险阻变坦途，穷船工世世代代不忘白居易的恩德。时光流转，在龙门大桥未修以前，河西岸的白姓人过河到琵琶峰为白居易上坟时，只要说是白居易的后代，船工马上笑颜迎送，免收船费。

挂葛藤

在福建宁化石壁村，每逢端午节，家家户户都会在门口挂上葛藤。这个风俗，要从唐朝末年黄巢起义说起。

传说黄巢起义时，起义军来到福建宁化石壁一带。一天，黄巢在路上看见一位客家妇女，她背上背着一个男孩，手里牵着一个男孩，正在匆忙逃奔。妇女背上背的男孩，比手里牵的男孩看上去大了不少，黄巢不解，上前责怪妇女不近人情。妇女连忙解释说："听说黄巢造反，他的军队到处杀人放火，马上就要打到这里。我只好带着孩子逃难，背上背的是我的侄子，手里牵的是我的儿子。兄嫂早亡，如果侄子有什么闪失，我怎么对得起他们呢？"

黄巢被妇女的善行感动，告诉她自己就是黄巢，让她不用害怕，尽快返回家中并在门口挂上葛藤，可保平安。客家妇女返回村中，将所见之事告诉乡亲，并让大家在门口挂上葛藤。第二天恰逢端午节，黄巢部下攻进村里，见家家户户门口都挂着葛藤便没有骚扰，撤军而去。从此，每逢端午节，石壁村每家都会在门口挂上葛藤，祈求平安。

挂在枣树上的铜钱

宋代名臣查道，进士及第后曾经担任刑部员外郎、龙图阁待制等职务。

查道年幼的时候，就非常有善心。他曾经在地上画了一个大房子，说道：“这个房子是用来赡养那些孤儿寡母的。”

查道年轻时，和仆人挑着礼物去看远房亲戚。中午时分，两人都饥饿难忍，可是路上没有饭铺。仆人建议从礼物中取一些吃食垫饥。查道表示，礼物既然要送人，就是人家的东西了，吃了便是偷。人家虽然不知道我们要去送礼物，但我们自己知道，这些东西不能吃。

两人饿着肚子继续走路，后来经过一个枣园，枣树上挂满了熟透的枣子，两人便停下来摘了些枣子吃。吃完枣子，查道拿出一串钱，挂在摘过枣子的树上。仆人不解，查道说：“虽然枣树主人不在，也没有人看见我们，但我们吃了人家的枣子，就应该给钱。”仆人听后惭愧极了。

陈家“一门四进士”

北宋陈省华进士及第后，曾官至左谏议大夫。他有三个儿子，长子陈尧叟是端拱二年（989年）状元，次子陈尧佐进士出身，三子陈尧咨是咸平三年（1000年）状元，世称“三陈”。父子四人皆进士，人称“一门四进士”。陈省华善于教子，司马光对此赞叹不已：“天下皆以陈公教子为法，以陈氏世家为荣。”

陈家有一匹烈马，烈马性情暴躁，难以驾驭，踢伤了很多人。一天，陈省华发现这匹马不见了，便问仆人：“那匹马怎么不见了？”仆人说是尧咨少爷把马卖了。陈省华马上叫来儿子，说：“你是朝中重臣，家里的仆人都不能制服这匹马，别人又怎么能养它呢？你这是把祸害转嫁给别人啊！”陈省华赶紧命人去追回商人，并把卖马的钱退给商人。他告诫仆人把那匹马牵回后养到老死，不得再卖给他人。

当时的人们听到此事，都称赞陈省华有圣贤之风。

勇于自省的好官赵抃

宋朝人赵抃，字阅道，衢州西安（今浙江衢州）人。北宋著名政治家，正直清廉，体恤百姓。

赵抃白天处理完公务，晚上就焚香拜天，口中念念有词。有人好奇地问他在说什么，赵忭笑着说：“将白天做过的事诉说一遍，自省反思。如果一个人在晚上夜深人静时都不敢开口，那必定是白天做了不该做的事情，自己就需要警醒了！”

赵抃担任益州知州时，蜀地偏远，百姓不识法度，常被不良官吏欺压，且州军常以公款相互馈赠。赵抃以身作则，率先垂范，有针对性地精准施策，蜀地风气为之一变。后来，赵抃前往虔州做官。他一上任就告诫各地县令，督促他们勤于政务，依律治理。经过一段时间的努力，当地百姓过上了安居乐业的生活。

赵抃有不少同僚在岭南做官，他们年迈时多因瘴气得病，客死异乡，以致家小流落他乡无所依靠。赵抃得知后，慷慨解囊，资助了许多落难官僚的家属，帮助他们返回家乡。

宋郊渡蚁

宋朝时，宋郊、宋祁兄弟两人同在太学读书。

有一天，兄弟俩遇见一位高僧。高僧对他们说："小宋今科将高中状元，大宋虽登科甲，但名位不高。"

宋郊在堂下看到蚂蚁洞被雨水浸灌，无数蚂蚁将被淹死，顿时心生怜悯。于是，宋郊编了一个小竹桥，让这些蚂蚁从洞里逃生。后来，兄弟两人同时参加了当年的科举考试，还没有放榜时，又遇见了那位高僧。高僧一见宋郊，便大为惊奇地说："先生相貌已改，必有大阴德，好像曾经救活数百万条生命。"宋郊说："我一介书生，哪有如此能力？"高僧说："不然，小动物的命也是命。"宋郊就将救过蚂蚁的事说出。高僧说："这就对了，先生之弟当中状元，但是先生功名，将不在令弟之下！"

快放榜时，根据成绩，宋祁应获第一，宋郊名次稍后。当时的章献太后认为弟弟不可位居兄长之前，于是改宋祁为第十名，把宋郊点为状元。

当时的人们都觉得高僧所言不虚，多行善事终究会有福报。

刘涣买牛

刘涣，字仲章，保州保塞（今河北保定）人，北宋时期官员。刘涣曾在多地为官，严格遵守律法，关心民生，在百姓中享有很高的威望。

刘涣在河北担任知州时，当地先是发生了百年罕见的饥荒，后又发生了地震，百姓生活困难，许多家庭不得不将耕牛牵到集市出售以便换取粮食，艰难度日。刘涣与部属前往市集查明情况后，从府库拨钱将百姓出售的耕牛悉数购进。到了第二年，当地灾情得到了有效控制，许多流离失所的百姓陆续返回家中准备春耕，却没有牛可以耕地。耕牛奇缺，导致牛价飞涨。此时，不少人劝刘涣将牛高价出售，从中获利。刘涣不为所动，仍按照前一年的收购价格将耕牛卖给百姓，帮助他们恢复生计。

此后多年，无论是身居高位，还是贬谪远方，刘涣坚持事必躬亲，直到七十二岁才退休。后人评价他“涣有才略，尚气不羁，临事无所避，然锐于进取”。

欧阳修为国荐才

宋代文学家欧阳修喜欢提携青年才俊。宋仁宗庆历元年（1041年），当时还一文不名的曾巩，给文坛泰斗欧阳修写了一封自荐信，并献《时务策》，展示自己的才情，表达自己的政见。欧阳修读了曾巩的文章，赏识不已。不过，曾巩虽然才气过人，但因其擅长古文策论，轻于应举时文，屡试不第，一直埋没于草莽而无声无息。为此，欧阳修特撰《送曾巩秀才序》，为其叫屈，为其扬名，又把曾巩纳入门下，悉心教导。在欧阳修的培养和帮助下，曾巩于嘉祐二年（1057年）高中进士，从此一鸣天下知。

苏洵、苏轼、苏辙父子也曾受欧阳修这位伯乐举荐。苏洵二十七岁才开始发愤为学，后进军科场，却连连落榜。性格倔强的他，干脆将自己以前写的文章付之一炬，继而闭门谢客埋头读书，经过数年磨砺，终于通六经、百家之说，下笔千言。据记载，嘉祐元年（1056年），四十八岁的苏洵携苏轼、苏辙兄弟，以文章为"敲门砖"，拜访益州知州张方平，希望得到这位文坛宿将的举荐。张方平谦虚地表示，文章方面，他人微言轻，此事非欧阳修莫属。张方平写了一封举荐信，让苏氏父子去京城拜访翰林学士欧阳修。其实，在政治上，欧阳修与张方平曾因主张不同而交恶，但当欧阳修读了苏洵的文章后，不但没有因为他是政敌推荐的而稍有怠慢，反而击节道："后来文章当在此！"嘉祐五年（1060年），欧阳修向宋仁宗上《荐布衣苏洵状》，在皇帝和士大夫间极力推誉，苏洵从此名动京师。

"三苏"之中，欧阳修特别欣赏苏轼，他在给梅尧臣的信中盛赞苏轼的文才，欧阳修说："苏东坡后生可畏，自己要给他让开一条路！"年过五十的欧阳修兴奋得如孩童一般，信誓旦旦地要为苏轼出人头地创造条件，爱才之情，溢于言表。

除了曾巩和"三苏"，包拯、司马光、王安石等响当当的人物，也都得到过欧阳修的激赏与推荐。《宋史·欧阳修传》说他："奖引后进，如恐不及，赏识之下，率为闻人。"孔夫子说"君子成人之美"，不遗余力为国举荐人才的欧阳修堪称君子。

司马光卖马

司马光是北宋著名史学家、政治家。他七岁时用石头砸破水缸，救出掉落水缸中同伴的故事可谓家喻户晓。

有一天，司马光吩咐管家把自己骑过的一匹病马牵到集市去卖掉。一位老者看中了这匹马，但嫌价钱太贵了。管家明知马有毛病，却对老者说："实不相瞒，这是我家司马相公的坐骑，只因现在他忙着编书，用不着它了，才舍得让我牵来卖。不然的话，给五十缗钱我都不卖！"老者一听是大名人司马光的马，高兴地说："有幸能买到司马相公的好马，那就无须议价了，我明日如数带钱来牵马。"

管家回府兴奋地将情况报告给司马光。司马光听后严肃地说："不能这样！你明天一定要对买主说清楚，并重新议价，我看三十缗就行了。"第二天，管家如实向买马人说明此马是病马，并说司马相公特意关照不能让买主吃亏上当。集市上知道此事的人都称颂司马光为人诚实。

苏轼还屋

北宋大文豪苏轼曾在阳羡定居，阳羡即今天的宜兴。苏轼非常喜欢阳羡的秀丽山水，曾经留下“买田阳羡吾将老”的词句。

当地有一位读书人，名叫邵民瞻，他很仰慕苏轼的才学。苏轼来到阳羡后，邵民瞻就以苏轼为师，跟随他学习。苏轼也很喜欢这位读书人，空闲的日子，苏轼就拄着拐杖，和邵民瞻一起探访阳羡的好山好水。有一次，邵民瞻为苏轼寻到一套合适的房子，苏轼用尽积蓄刚好买下。

某日，他与邵民瞻在月下散步，偶然到了一个村子，听到有个老妇人哭得很伤心，他们便推开门进去，老妇人仍自顾自地哭泣。苏轼问她哭泣的原因，老妇人说：“我有一套房子，世世代代传了几百年，但是我的儿子不成才，把它卖给了别人。现在我搬到这儿来了，失去了住了几百年的老房子，怎能不痛心？”再问下去才知道，原来他儿子卖掉的正是苏轼买的房子。

苏轼安慰她说：“你的房子是我买的，你不用太悲伤，现在我把房子还给你。”苏轼随即叫人拿来买房的凭据，当着老妇人的面烧了。第二天，苏轼让老妇人的儿子接他母亲回到原来的住所，自始至终没有向他们索要分毫。

书生信守婚约娶盲女

宋代书生刘廷式，在还没有考中进士的时候，就与同乡人家的一个女儿订下了婚约。

后来，刘廷式高中进士，而那个女子却因生病而双眼失明。女子的家里非常贫困，在当地也没有什么势力，因此不敢与刘廷式再提婚约之事。有人出主意，劝刘廷式娶那家的小女儿，刘廷式笑着说："我本与这位女子有婚约，怎能违背初心，去娶她的妹妹？"

刘廷式坚持娶了盲女，二人终成眷属。后来，盲女去世，刘廷式一直很伤心，不肯另娶。苏轼问他："爱往往和容貌有关系。你对盲女的爱从何而来呢？"刘廷式回答道："我只知道她是我的妻子而已。"刘廷式的回答令苏轼十分感动。

后来，刘廷式在庐山隐居养老，以高寿而终。

卖船救友

宋朝名臣范仲淹喜欢救济穷苦人家。

皇祐元年（1049年），范仲淹调到杭州做官。家族中的晚辈看到他有退隐之意，就商议购置田产，以供其安享晚年，但他严词拒绝。后范仲淹设立范氏义庄，并出资购买良田千亩，任用贤人经营，收入分文不取，资助范氏族人。

范仲淹的儿子范纯仁为人重义，有其父之风。一次，范仲淹吩咐范纯仁运送一船麦子回老家。途中，范纯仁遇到了父亲的一位故友。在交谈中，他得知对方家境十分贫寒，父母去世后都没有钱安葬，女儿待嫁却没有嫁妆。于是，范纯仁卖掉了麦子，可钱还是不够，他又将船卖掉，解决了父亲老友的困难。回家后，范纯仁把这件事告诉了父亲，当范纯仁说到卖麦子的事情时，范仲淹抬起头说：“那你把船也卖掉啊！”范纯仁说：“父亲，我已经把船卖掉了。”

张知常遭盗不究

北宋有一位叫张知常的读书人，他胸襟宽广，凡事为他人着想。

张知常在官学读书的时候，家里人将十两金子随同家书一起给他送了过来。同宿舍的书生趁他出去的时候，打开他的包袱拿走了金子。

张知常将金子被盗的情况报告给了学官，学官立即将一个宿舍的书生召集起来搜查，果然找到了丢失的金子。张知常没有认领他的金子，反而说："这不是我的金子。"

学官好奇地问："金子的数目明明和你丢失的相符，偷盗的书生也表现得很不自然，这不正好证明了金子是他偷的吗？为什么你不指认他呢？"

张知常低头不语。经过再三追问，张知常才说："听说那位书生的父亲最近病得很重，需要钱买药治疗，我本来准备借给他钱，现在为了他的名声，我决定隐瞒此事，请学官成全！"

同宿舍的那位书生听说了此事，到了晚上，悄悄地把金子藏在袖子里还给张知常，张知常又拿了一半的金子送给他。

善有善报的李毅

李毅是北宋吉州（今江西吉安）看守城门的士兵。城里有一户徐姓人家，徐家主母派遣婢女送一支金钗到亲戚家。婢女把金钗插在头上，就往亲戚家走。半路上，金钗掉落在地上，婢女并没有发现。李毅看见后，拾起金钗，并跟随这个婢女前行。他看见婢女走进一个大户人家的宅院后，又慌忙地跑了出来。李毅赶忙跟上，发现婢女跑到江边想投水自尽。李毅急忙喊住她询问原因。婢女边哭边告诉他："我家主母性情暴躁且严厉，刚才叫我送还金钗，我却把金钗弄丢了，她一定会把我鞭笞至死，我还是先死为好！"李毅立即把金钗还给她，婢女非常感激。

后来，这个婢女嫁给了梅林渡的一个村民。有一次，李毅因为传送公文，到梅林渡搭船过河。婢女热情地邀请他到家中做客，并买来酒菜款待他。就在吃饭的时候，他们忽然听到渡口传来喧哗声，出门一看，渡船翻了。船上的人都淹死了，李毅因为婢女的挽留，幸免于难。

敢于担当的蔡伸

宋朝人蔡伸是政和年间的进士，曾经做过太学博士，后来又任真州、饶州等地方的通判，负责监察工作。

他在真州任职的时候，当地发生火灾。大火烧毁了一千多户人家的房屋，百姓们没有房子住，只能露宿在雪地里，到处是老老小小的悲惨哭声。蔡伸命令衙门和寺庙、道观敞开大门，让百姓们住进去，同时打开官府的粮仓赈灾。管理粮仓的官员不肯开仓，便对蔡伸说："不上报朝廷，擅自动用官粮是死罪。"蔡伸回答道："预备的官粮本来就是在发生重大事故时使用的，现在正是用的时候。倘若有罪，那就由我一个人来承担吧。"官府的粮仓打开后，灾民们的吃住问题得到了解决，再也没有发生死亡事件，人们都很感激蔡伸。

这件事情上报给朝廷以后，朝廷果然没有追究蔡伸的罪责，反而升了他的官，让他担任滁州的知州。

董助教做好事活到九十岁

北宋末年，黄州有位学官，人称“董助教”。董助教家境富裕，平日里喜欢做些好事。

宋徽宗大观年间，当地大旱。董助教拿出自家的粮食，做了饭给大人吃，又做了糍粑分给小孩子。发放食物的时候，饥民们如潮水一般涌上来，董助教被撞倒在地，身上还被人踩了几脚。全家人对此都有怨言，对董助教说：“这好事还是不做了吧，今天您差点儿被踩死了。”董助教对家人说：“做好事怎么能半途而废呢？”第二天，董助教让人做了一个简易的长栏，饥民们开始排队拿取食物。虽然比第一天的秩序好一些，但依旧吵吵嚷嚷，董助教毫不介意，就这样坚持了一百多天。

古人寿命很短，人过七十古来稀。但董助教一直活到了九十岁，成为当地有名的高寿多福之人。

坐怀不乱的费道枢

宋徽宗宣和年间，广都（今四川成都东南，一说今四川双流）人费道枢从京师汴梁前往长安，日落时分在途中找了一家旅店住下。女店主打扮得漂漂亮亮，倚着门微笑着跟他打招呼，软声细语地安慰他旅途劳顿。

半夜里，女店主推门而入，对费道枢说："非常倾慕您的风致，请让我来侍奉您，可以吗？"费道枢大吃一惊，问道："你这是干什么，莫非有什么难处吗？"女店主回答道："我父亲是汴梁的丝绸老板，把我嫁给了这家旅店的老板。旅店老板死了，我又回不去，孤苦无依，希望得到您的帮助。"费道枢说："羞耻违礼的事情，我不能做，你的困难也是实情。请把你父亲的住处告诉我，我到京师去拜访他，让你的家人来接你。"

几个月后，费道枢返回京师，找到那位丝绸老板，说了他女儿的事情。老板流泪感谢："您真是位君子，他日必为贵人。"第二年，费道枢进士及第，后来担任巴东地区的长官。

留台拾金

宋代有个叫刘留台的人，他家里很穷。刘留台经常向同乡借钱，家乡的人都很讨厌他。

有一天，他捡到一袋金子，苦等了很久也没有等到失主，他便把金子暂时拿回家，数了一下，一共有八十五片金叶子。

第二天一大早，一位商人哭着来到他家讨要金子。刘留台与商人核对了数目，确定金子是商人丢失的，就全部还给了他。为表示感谢，商人拿出了几片金叶子要送给刘留台，但是他一片都没有要。

有人笑话刘留台太傻，不拿白不拿。刘留台解释说：“捡了他人的财物占为己有，是不道德的事情。商人的钱是辛辛苦苦赚来的，丢了肯定很心痛。这么大笔钱，如果找不到，保不准要出人命。我不过是顺着自己的良心罢了。”人们都非常佩服刘留台的高义。

后来刘留台考取进士，官居留守之位。此后五十年间，刘家功名不断，子孙中做官的有二十三人。

南宋名医许叔微

许叔微是南宋著名的医学家，幼年家贫，成年后有志于科考，希望取得功名。因屡试不举，遂弃儒习医。许叔微自知家中贫困，没有能力兼济天下，便一心刻苦学医，希望可以通过行医救人。

许叔微医术精湛，对待前来求医的人，一视同仁，有求必应。对于那些家境贫困者，他都免费行医施药。日久天长，经他救治的病人不计其数。特别是南宋建炎元年（1127年），真州发生了大瘟疫，许叔微上门为百姓诊治，经他救治的病人十有八九得以存活。

后来，许叔微再次参加考试，这次他本以第六名考中进士，可他的上一名突然亡故，他因此升为第五名。许叔微历任徽州、杭州府学教授及翰林学士，后因不满秦桧陷害忠良，弃官隐居幽谷，潜心医术，以济世救人为乐。

韩世忠荐士

南宋绍兴年间，爱国名将韩世忠因疏言秦桧误国，被罢免枢密使。失去官位的他，经常头戴一字巾，骑一头大骡子，到处游山玩水，身边常有四五个小童陪伴。

当时，楚州有一位小官李如晦，他被上司推荐到京城任职，却不小心把举荐书弄丢了。李如晦正在为此事发愁，不知如何是好。同住的人们相约到天竺寺游玩，李如晦因为没有心情坚决不肯去。大家劝李如晦说："春日到野外游玩正好可以疏解忧愁。"于是大家强行拉他一起去，并租了骡马代步。

一行人来到九里松的时候，遇到大雨，大家都一起找地方避雨。李如晦来到了冷泉亭，衣服全都湿透了，满面愁容地在那里叹气。正好韩世忠也来避雨，相互行礼之时，他非常同情憔悴落魄的李如晦，问道："先生有什么心事，面色如此难看？"李如晦虽然不认识韩世忠，但因为来人相貌不凡，心里也颇为尊敬，于是如实相告。韩世忠问道："你丢的举荐书，举荐你的是重要的职司吗？"李如晦回答说："一般属员而已。"韩世忠说："这个在下能够解决，明天我送你一份举荐书。"

韩世忠命身边随从记下了李如晦的姓名、级别乃至住处，李如晦为之感动流泪。第二天，一位小官拿着举荐书交给李如晦，并说道："韩郡王让我送来的，同时赠送您三十万钱。”李如晦顺顺利利地当上了京官，写了帖子去拜访韩世忠，想做他的门生，韩世忠却不再相见。

黄裳还珠

宋朝人黄裳，天资聪颖。他酷爱读书，不但读得快，还写得一手好文章，是乡里有名的才子。

有一回，黄裳住客栈，捡到一口袋珍珠，思来想去，还是决定把珍珠还给失主。第二天一早醒来，黄裳立刻向店里借来笔墨，在墙上写道：某年某月，隆庆府普成（今四川剑阁）人黄裳曾住此店某某号房间。

店小二见状，心里觉得好笑，又不是什么达官显贵、名人雅士，题这破字干什么。

黄裳收拾好东西准备上路。临行前，他对店主说：“如果有人到贵店找珍珠，请让他到城里找我。”接着，黄裳详细地说了自己在城里的地址。

黄裳刚到城里没几天，就有人来找他。那人自称是遗失珍珠的人，是看了客栈里黄裳留下的字，又跟店老板要了详细的地址才找来的。

黄裳说：“珍珠确实在我这里，但是我们得找个地方核对一下，以防有人冒领。”

于是，他们来到官府，当堂对证。那人说了珍珠的数目。官府的官员亲自数了珍珠后，发现和那人说的一点儿也不差。黄裳这才把一口袋珍珠还给失主。

失主非常感激黄裳，想送他几颗珍珠作为答谢。黄裳说：“我要是想要珍珠的话，你就一颗也得不到了。我既然把珍珠还给了你，就一颗也不会要。”

这件事传扬出去后，人们都称赞黄裳是个德才兼备的诚信君子。

乾道五年（1169年），二十四岁的黄裳高中状元。

善有善报的张二十四郎

南宋时，临江军曲水桥有一位富翁叫张二十四郎，张二十四郎兄弟四人是远近有名的大孝子。他们每天晚上轮流准备好酒好菜孝敬老人，还经常拿出钱财救济邻居乡亲。水灾之年，当地陆路交通断绝，张家四兄弟就用自己家里的船装着粮草，挨家挨户地发放，被他们救活的人家有八十多户。

宋孝宗乾道七年（1171年），当地旱灾，米价一个劲儿地往上涨，侥幸活下来的灾民沦落为强盗。当时有外地强盗四十多人，听说张家有钱有粮，商量好要去抢劫。本地有位屠夫老徐，也做抢劫的事，和强盗们有联系。强盗们找到老徐，请他喝酒，给他财物，想让他做向导。老徐因为受过张家的恩惠，不愿意干这事。第二天，老徐准备好酒肉回请强盗，对他们说："张家乐善好施，附近的人们都受过张家恩惠。如果抢了他家，你们在当地一定站不住脚，请你们再考虑一下。"于是他把张家做的好事一一说来，强盗们听后就去了别的地方。

两年以后，卖给老徐酒肉的人把这件事情告诉了张家。张家把老徐喊来，问明情况，大为感激，出钱给老徐买地盖屋。得到帮助的老徐娶妻生子，日子越过越好。这个故事中的张家人是好人，老徐知恩图报也是好人。强盗们听到几句话就产生敬畏之心，也算是有良知的人。

京德不负朋友之托

宋代京德为人忠厚，重信守诺。

京德的一位朋友生了重病，朋友担心自己的儿子不成才，就悄悄地把一千两银子托付给京德，并对他说："我死后，这个孩子一定会不务正业，等他快要饿死的时候，你再把这笔钱给他。"后来，朋友的儿子果然如朋友预料的一样，游手好闲，败尽家产，穷得无法过日子。京德这才把他叫来，责问道："你父亲死的时候留给你的家业，怎么弄成这个样子？"这个落难公子十分惭愧，不敢抬头见人。京德说："我有点儿小东西给你，对你会有帮助，但怕你又拿去花在饮酒作乐上。"这位公子指天发誓后，京德取出亡友的一千两银子，告知公子原委，并交给他。

公子放声痛哭，说："家父临死前，嘱咐我要善待京先生，哪曾想到今天会有这么大一笔钱呢？没有想到京先生如此诚信，您跟家父的友谊真是生死不渝啊！"从此以后，这位公子改过自新，重振家业。

虽然京德在历史上寂寂无闻，他的儿子京仲远却颇有名气。京仲远曾经担任南宋的左丞相。

刘宰粥局济穷

刘宰，字平国，自号漫塘病叟，镇江府金坛（今江苏金坛）人，南宋时期著名慈善家。刘宰二十六岁中进士，历任州县，治理有方，体恤百姓。他辞官后致力于地方慈善事业，开创了中国历史上私人设立粥局赈济灾民的先河。

历史上记载了刘宰三次大规模私人赈灾的事迹。嘉定二年（1209年），刘宰与其他乡绅合办私人粥局，救济被遗弃的儿童。开始时，每天救济的儿童只有十几个，到后来一天最多能救济上千名儿童。人数虽多，管理却井然有序。救济的地点、就食的次序、住宿的卫生等都安排得周到细致。嘉定十七年（1224年），因为天灾，谷物蔬菜歉收，荒民遍野。刘宰第二次设立粥局，在友人赵若硅和其他官僚乡绅的相助下，挽救了上万灾民的性命。绍定元年（1228年），因为邻县频降暴雨，刘宰第三次设立粥局救济灾民，并得到当地官衙的支持，取得了良好的效果。

此外，刘宰还在家乡设置义仓，创立义役，竭尽所能帮助乡邻。刘宰声名远扬，他去世时，当地百姓“罢市走送”，人群绵延数十里，“人人如哭其私亲”。朝廷赐号“文清”，以表彰他的功德。

晏氏救寨

南宋时期，宁化（今属福建省三明市）人晏氏年轻时嫁给富户曾氏为妻。丈夫离世后，晏氏独自抚养幼子，没有再嫁。

宋理宗绍定年间，盗贼蜂起。晏氏依山修建山寨，抵御盗贼。她召集田丁说："过去我丈夫在世时待你们不薄，念在过去主人的情分上，希望你们尽力抵御盗贼。"晏氏将家财全部分给田丁奴仆，带领他们奋力抵抗盗贼，取得了胜利。

盗贼败退后，附近的乡人纷纷带领家人前来投靠。晏氏接纳了他们，并拿出粮食救济那些生活贫困的家庭。为了防备盗贼再来侵扰，晏氏带领众人扩建山寨规模，使各个山寨形成掎角之势，相互支援。此后，盗贼数次前来侵扰，始终无力攻破山寨，悻悻而去。

晏氏的义举成功救下了数万百姓，声震一方。皇帝听说晏氏的事迹后，封她为恭人，并赐衣冠，任命她的儿子为承信郎。

慈善

第三辑

- 凡人为善，不自誉而人誉之，为恶，不自毁而人毁之。——苏轼《拟进士对御试策》
- 但愿苍生俱饱暖，不辞辛苦出山林。——于谦《咏煤炭》

魏敬益还田于民

元代有个叫魏敬益的人，他很有善心，家里有良田十六顷，所得收入大多用来做善事。魏敬益只要听到哪里有因贫未能婚嫁的男女，就会出钱帮助他们结婚成家。遇上灾荒年份，魏敬益还拿出粮食施粥赈灾。

有一天，魏敬益对他儿子说：“自从我买了四庄村的十顷土地，村里的百姓就无法自给自足了。现在我想把那些土地退给他们，不收他们的钱。你只要辛勤劳动，靠余下的土地，就不会挨饿。”于是，魏敬益把四庄村的村民喊来，对他们说：“我买了你们的地，以致你们穷得不能生活，我这种行为真是不仁。请让我把土地还给你们吧！”众人听了他的这番话，目瞪口呆，大家互相看看，不敢接受。魏敬益坚持将土地还给了村民。

当时的丞相贺太平听说此事，称赞道：“没想到世上竟然有这样的人！”

曹善诚捐建文学书院

曹善诚，元代常熟福山陆庄桥人。曹善诚的曾祖父曹南金曾担任元朝武略将军、海道漕运副万户，他借助漕运积累了万贯家产。曹善诚继承祖业，善于经营，以渔盐之利起家，其富更胜于曾祖父，当地人称他为“曹百万”。

一天，常熟知州王侃和文人黄缙前来拜访。王侃道：“今日我们是为了常熟教育事业而来。常熟的教育经费大部分靠捐献，但由于所捐田地大多贫瘠，收成有限，教师因俸禄太低不愿留下，生源也日益减少。我与城里的一些耆老商量，他们提议建立书院，而主要困难在于经费短缺！”曹善诚说：“我曾祖父多次捐建县学，只要知州提出合理方案，我定会鼎力相助！”黄缙在一旁不禁赞叹：“曹公大义，慷慨助学，真乃常熟诸生之幸也！”

曹善诚言出必行，承担了建造书院的全部费用，同时捐出良田二千六百余亩，良田收益作为师生的日常开支。书院建成后，当地耆老取义言子习于文学，取名“文学书院”，并聘曹善诚担任山长（校长）。

后来，黄缙前往京城翰林院任职，有感于曹善诚的善举，撰写《文学书院记》，赞扬他捐资助学的奉献精神。

郑湜兄弟争入狱

明代有个人叫郑湜，他的哥哥叫郑濂，郑家十代没有分过家。有一回，郑家被人诬陷和叛党胡惟庸有来往。郑湜独自来到官府，请求把自己押解到京城。哥哥郑濂对他说："我是一家之长，理应由我去认罪。"郑湜说："哥哥年纪大了，还是我去服罪吧。"两个人争着到监狱里去。后来他们这件事被明太祖知晓了。太祖说："能如此以义相让的人，怎么会做叛逆的事？"太祖把兄弟两人召进宫里，慰劳了一番，免了他们的罪，送酒食给他们，并且提拔郑湜做了福建布政司左参议。

郑湜为官有政声，曾举荐同郡多人为官，且做了许多有益于百姓的事情。郑湜死后，郑濂犯了事。堂弟郑洧说："我们郑家是孝义之门，过去遇到事情，兄弟都争着出来承担责任，现在轮到我了。"于是，郑洧到官府自首并被处斩。

洪武二十六年（1393年），朝廷征召孝悌敦行之人到太子宫中为官。此时，郑濂已经去世，郑家的郑济被选中。此后，郑家子弟陆续走上仕途，或为朝廷高官，或为地方大员。

章焕文行善

章焕文，明初江苏常熟支塘镇人，以授徒为业，为人急公好义，慷慨大方。

宣德年间，御史吴讷聘请章焕文为塾师，为孙子吴淳授课。在章焕文的严厉督促下，吴淳学业大有长进。时近年关，章焕文赶往码头，准备乘船回家。在岸边，他看到一位中年男子意图自尽，急忙上前劝阻。原来中年男子是县里的差役，因为丢失了负责押运的十二锭银子，无力赔偿，才自寻短见。章焕文心生怜悯，劝慰道：“你就这样匆忙离世，你的家人怎么办？”说着，章焕文从包里取出六锭银子递给他，并带着他前往吴家。章焕文向吴讷说明情况，请求预支来年的学费，吴讷答应了他的请求。章焕文当即将钱转交，中年男子千恩万谢后离去。吴讷问道：“先生认识刚才这位男子吗？”章焕文摇了摇头，吴讷颇为惊讶，随即笑道：“从这件事可以看出先生的为人，把孙子交给您，我放心了。”正统年间，吴淳考中进士，章焕文完成使命，回归乡里。

支塘镇人张凤坡，在朋友建议下找到章焕文，想借些钱做生意。章焕文拿出四锭银子，对他说：“我家中只有这些积蓄，你拿走吧，希望你生意成功，摆脱贫困。”后来，张凤坡突然踪迹全无，章焕文并不以为意，反而是张凤坡的朋友心急如焚，四处打探他的下落。过了三年，张凤坡重新出现，被乡邻发现后送至县衙。县令判决张凤坡三天内归还银两。张凤坡走投无路，把女儿卖给别人，拿着钱还给章焕文。章焕文听他说明原委后，大吃一惊，厉声说道："你怎么可以把女儿卖掉？"说完让张凤坡拿着钱去赎回女儿。县令十分钦佩，赞叹道："章先生不仅桃李满天下，品格更是大家学习的榜样。我要上奏朝廷，好好表彰您，以昭示天下。"章焕文摇手道："这是我应该做的，上奏表彰之事，一概免了吧。"

哑丐修桥

明朝正统年间，常熟梅李的胡姓人家生了个小孩，夫妻俩给孩子取名章一。老胡老来得子，十分宠爱这个孩子。但天有不测风云，胡章一年幼时突发高烧，由于未能及时医治落下了残疾，再也无法开口讲话。老胡夫妻心情抑郁，不久相继撒手人寰。

胡章一成了孤儿，跟着一群孩童四处乞讨流浪，慢慢地成为头领，他立下了一条规矩：可乞可讨，不偷不抢。

三月三日上巳节是真武大帝生日，常熟居民有到祖师山烧香的习俗。有一年上巳节，胡章一等人也随着人群前往祖师山真武殿。由于人流量大、山间小道狭窄、木桥年久失修等原因，出现了踩踏事故，有几十人伤亡。

胡章一目睹惨剧，决定把乞讨得来的全部积蓄捐出去修建石桥。工程需要大量资金，胡章一为石匠们写下欠条，表示以后逐年偿还。石匠们深受感动，决定免收工钱。

数年后，石桥终于建成，胡章一的事迹在当地广为流传，越来越多的人加入修路队伍。山上出现了许多便道，不仅为来往行人提供了方便，也留下了善行义举的历史见证。

后来，文学家孙艾撰写《哑乞传》，记录了胡章一的善行，为时人传诵。

救人一命的福报

明武宗正德初年，安徽商人王善到四十岁还没有子嗣。当时有个看相的人，他一见王善就忧愁地说："你还没有儿女吧？"王善说："是的。"看相的人说："你不但没有儿女，到了十月，你还会有大灾难。"王善很相信他的话，急忙到苏州收取贷款，然后回家。

当时正值梅雨季节，河水猛涨，不能行船，王善只得暂时住在客栈里。到了晚上，他到河边散步，看见一个少妇要投河自尽。他马上向船夫呼救，说："谁能救起这个人，我出二十两银子。"船夫纷纷去救，终于把少妇救了起来。他便把二十两银子给了船夫。王善问少妇为什么要寻短见，少妇回答说："我丈夫外出做工，我在家中养了一头猪，准备用来偿还田租。昨天我把猪卖了，不料收的钱全是假银子。我既怕丈夫回来责骂我，又因家中实在贫困，就不想活了。"王善非常同情她，问清楚一头猪的售价后，给了她售价双倍的钱。

少妇回家时，在路上遇到了丈夫，便哭着把这件事情告诉了他。不料丈夫却起了疑心。晚上，夫妻俩一起到客栈找王善对质。到客栈时，王善已经关门睡觉了。丈夫叫妻子敲门。王善问来人是谁，少妇回答说："我是今天投河的那个女人，特来致谢。"王善厉声说："你是年轻的妇人，我是孤身在外的男人，晚上怎么能随便见面呢？快快回去！如果一定要来，明天早晨与你丈夫一起来。”

丈夫的疑惑一下子消除了，诚恳地说：“我们夫妇都在这里。”王善便披上衣服出来开门。就在他刚刚走出房门时，只听得房中“轰”的一声巨响。原来这间房的后墙因久雨而倒塌，卧榻已经被压烂。王善如果不是起床开门，肯定会被压死。这对夫妻感叹不已，道谢后便离去了。

王善回家的路上，又遇到那个看相的人。他一见王善就惊奇地说：“你满脸福相，一定是做了有大阴德的事情。不仅免除了灾难，而且将来必定前途无量。”

米中藏银

明世宗嘉靖六年（1527年），全国闹饥荒，江西新建有一家百姓快要饿死了。当时百姓家中穷得只剩下一只木桶，这家主人卖掉了木桶，得到了三分银子。于是他用两分银子买米，一分银子买毒药，准备一家人吃一顿饱饭后再死。

饭刚煮好，正好里长来索取丁粮。这家主人说家中早就没有余粮了。里长说，自己走了很远的路才来到这里，想在他家吃一顿饭再走。这家主人又推说没有。里长来到厨房，见饭已煮好，责骂他撒谎骗人。这家主人急忙摇手说："这饭你不能吃！"里长越发感到奇怪，这人才流着泪把实情告诉了里长。里长吓坏了，急忙把下了毒药的饭倒掉，埋在泥土中，说："你不要这样。我家中还有五斗米，你跟我到家中去拿，可以吃上几天，说不定还有别的办法可以活命，怎么能去寻短见呢？"

这人感激涕零地跟着里长去取米，回家后倒米时发现米中竟然有五十两银子。他惊奇万分地说："一定是里长把缴纳给官府的税钱放在这里了。他救了我一命，我怎能忍心去害他呢？"便立即把钱拿去还给里长。里长说："我也很穷，怎么会有这笔钱？这大概是上天赏赐给你的。"这人却坚持不肯接受。

最后，两人平分了这笔钱，两家平安地度过了灾荒之年。

罗循行善

明代罗循，江西吉水人，平日里积德行善，在当地很有威信。罗循曾经与一帮朋友到京城赴考，在客栈住下后，他们相约出去逛逛。等从外面回到客栈，罗循发现自己的一件衣服不见了。没过多久，罗循的一个朋友发现有人穿着罗循丢失的那件衣服。朋友拉着罗循，找到那个人，指着他的衣服说："这不是你的衣服吗？"罗循说："与我那件比较相似而已，但并不是我的衣服。"说完，他赶忙拉着朋友离开了。回到住处，罗循对朋友说："失去一件衣服，对我并没有多少损失，而他得个坏名声，以后怎么立身处世呢？"后来，罗循考取了进士，官居副使。

人到中年，罗循尚无子嗣。有一天，他经过一座寺庙，发现寺庙里停放着七口棺材没有下葬。于是他把自己的官俸拿出来，让和尚把那些棺材全部埋了。后来，他的夫人生下了儿子罗洪先。他替儿子取号为念庵。明嘉靖八年（1529年），罗念庵殿试获得第一名，后来成为著名的理学家。

杨涟热心慈善

杨涟，明朝时湖广应山（今湖北广水）人，中举前在家乡倡修学府，热心慈善，遇灾年，变卖家产设粥棚，救活饥民近千人。

万历三十五年（1607年），杨涟中进士，任常熟知县，恰逢常熟遭遇水灾，百姓流离失所，人心浮动。杨涟沿途考察灾情，忧心忡忡。一到县衙，杨涟就召集所有差役，对众人说："眼下亟须提供更多粥棚，以稳定民心，诸位有何良策？"一位差役说："此前已经有富户开设粥棚，因灾情日久，灾民日增，难以维系。"杨涟让随从拿来包袱，将随身携带的四十两银子全部捐出，同时派遣随从赶回老家筹钱。常熟的富户听说后，很受感动，纷纷捐款捐粮。杨涟让差役仔细记录下每个人的捐献数额，等到朝廷赈济钱粮下发后全额归还。在杨涟的支持下，粥棚规模不断扩大，灾民的日常生活物资得到有效保障，成功渡过了难关。

水灾过后，杨涟又筹集善款，一方面兴修水利工程，另一方面兴办教育，常熟百姓又过上了安居乐业的生活。

缪希雍柴门送医

缪希雍，江苏常熟人，明代名医，著有《神农本草经疏》《先醒斋医学广笔记》。缪希雍是医生，也是仁者，不以医术自恃，常常为穷苦百姓免费治疗。

有一天，一位中年男子前来拜访。男子家住江苏宜兴，他的儿子高烧二十多天不退，当地多位郎中都束手无策，因此男子专程赶来向缪希雍求救。缪希雍已年近古稀，他没有丝毫犹豫，飞身上马，日夜兼程，于第二天傍晚赶到宜兴。缪希雍经过仔细诊断，发现孩子是受了内伤，开出活血导滞的药方。男子按照药方抓好药，让孩子服下，不久后孩子便苏醒过来。

张陆氏原本是一位文静贤惠的人，因难产失去孩子，突然精神失常。缪希雍听闻后，煎好药准备上门为她治病。有人劝他："自古医生不主动上门为病人治病，而且张家穷苦，连接生婆的钱还未支付。"缪希雍不以为意，坚持前往。张陆氏的丈夫见到有郎中登门，十分意外，说道："我们家境贫寒，食不果腹，实在是没钱看病，只能听天由命了。"缪希雍安慰了几句，替张陆氏把过脉后，对张陆氏的丈夫说："这是由于生孩子时失血过多，阴血受损，肝虚火炙引发的肝血虚"，又把药方和几两银子交给他，嘱咐按时喂药。两天后，缪希雍再来时，张陆氏已经能平心静气地和人说话了。

李五恩公井

李五，原名李英，明代泉州晋江凤池人。李五靠生产、贩卖蔗糖致富，后制出凤池糖，生意更加兴隆。

有一年，李五发现浙江鄞县（今宁波市鄞州区）买糖的人突然增多，便调运大批凤池糖至当地销售。但是，当李五来到鄞县后才知道，当地瘟疫肆虐，百姓盛传只有服用泉州产的凤池糖才可治病，所以买的人很多。一时间，糖价猛涨，凤池糖成为当地奇货。为了让无钱买糖的穷人也能得到及时救治，李五当即决定为民舍糖。人们闻讯后蜂拥而至，纷纷前来求糖。李五见需求者太多，便索性在当地交通便利之处找到一口水井，每天将糖倒入井中，任民众自取服用。不久之后，瘟疫果然消失，鄞县因李五舍糖而重享安宁。

为纪念李五的善行，人们将李五舍糖的那口井称为“李五恩公井”。直至今日，此井犹存，“富不过李五，善不过李五”这句话也在晋江民间流传。

南通长桥的由来

老南通城南门外有座长桥，长桥其实并不长，只有三丈多，是用石头砌成的。桥两边有石条凳，专门给路过的人歇脚。

长桥的建成与明代名医陈实功有关。当时，苏州有位大官名叫慕天颜。慕天颜的母亲七十多岁，脊背上生了几个大疮，找了不少名医，喝了不下几十剂汤药，病情却没有丝毫减轻。慕天颜是位孝子，亲自带着母亲到南通找陈实功治疗。

陈实功为老人家切脉后，说道："令堂得的是'瘩背'，如果迟来几天，恐怕就没救了。"南通军山上有一种草，叫沧浪草，专治此病。陈实功对症下药，三天就把老人家的病治好了。

慕天颜携来重金酬谢。陈实功反复推却，慕天颜执意要送。陈实功当即说："城南吊桥是木头做的，年代久远，百姓天天由此出入，非常危险。慕大人如果有心，可以在此建一座石桥，造福百姓。"慕天颜当即答应，不久就派人用石头改建了桥梁。那个时候的南通叫通州，城中各桥，以此桥为长，所以叫作"长桥"。现在的长桥北堍，还有陈实功的石雕像，是后人为感念一代名医的义举而立的。

相术高手为何不灵了

明朝尚宝司有个官员叫袁忠彻，善于相面。有一天，他到一个朋友家去，看见一个童仆面容清秀，非常机警。袁忠彻给童仆看相以后，劝朋友把童仆赶走，说他将不利于主家。这个朋友虽不忍心，还是听取了袁忠彻的建议。

童仆被赶走后，无家可归，住在一座古庙里。晚上，童仆看见墙角有件破烂衣服，衣服里面裹着一大包银子。童仆本来想拿走，忽然叹了一口气说："我因为命薄，无故被主人赶出来，现在一下子得了这么多钱，上天不会答应的。"于是仍把银子包好等候在那里。第二天天刚亮，果然有个女人号啕大哭着走进来，四处寻找。童仆问她哭什么，她说："我丈夫从军，因为犯事被关在牢里，将被处死。某指挥正好办理他的案件。我卖掉家中的贵重东西，又四处借贷凑够一笔钱，打算送给指挥。经过这座古庙时，却不慎把钱弄丢了。我丈夫这次死定了。"童仆仔细询问她丢失了多少钱，女人所答完全吻合，于是童仆把捡到的钱全部还给了她。女人感激万分，想酬谢童仆一点儿钱，他却拒不接受。

女人的丈夫后来得到释放，他们感激童仆的大恩大德，逢人便说童仆拾金不昧的事。这件事情被某指挥听到了，他认为童仆绝不是寻常的人，于是派人查访。找到童仆以后，那个指挥将他收养在家里。由于指挥没有儿子，便将童仆收为养子。

过了几年，童仆承袭了指挥的职务，回来拜望原来的主人，主人叹息说："袁先生的相术太差了。"这时，正好袁忠彻来访。主人让童仆穿上过去的旧衣服，捧茶出来。袁忠彻吃惊地说："这不是从前那位童仆吗？"主人故意说："我把他赶出去以后，他无家可归，又让他回来了。"袁忠彻笑着说："你不要戏弄我。他现在不是你的仆人，是堂堂三品职官啊！他的相貌神态都与从前大不相同，一定是做了大善事才有这样的地位。"

罗伦重义轻利还金圈

罗伦是明代理学家，他年轻的时候到京城参加科举考试，赶考途中，带着仆人住宿在山东的一家旅舍中。

罗伦的仆人在院子里捡到一只金圈子，藏了起来。从旅舍离开后在路上走了几天，罗伦对仆人说：“路费不够了，怎么办？”仆人说：“别发愁。”说着拿出金圈子，把经过告诉了罗伦。

罗伦非常生气，打算亲自把金圈子送回那家旅舍。仆人说：“这样一来一回，耽搁几天，就赶不上考试了。”罗伦说：“这个金圈子一定是哪个婢女弄丢的，万一主人拷问，会出人命。我宁可不参加考试，也不能让人死于非命。”

到了旅舍，他们才知道是一位婢女泼水，把金圈子随水泼掉了。婢女因此差点儿被女主人打死。主人责备妻子不仔细，女主人气得上吊寻死，幸好被救了下来。正在一家人乱成一团的时候，罗伦把金圈子还给了他们。他们全家人都非常感激罗伦，赶来看热闹的邻居围得像一堵墙，大家都称赞罗伦重义轻利心地好，预祝他考试高中。

罗伦卖掉衣服急忙赶往京城，刚好及时进场参加了考试，结果真的中了状元。

孙氏劝夫

明朝时，江苏常州人吴子恬的妻子孙氏，很明事理，经常规劝丈夫。吴子恬的父亲常年在外经商，继母唐氏溺爱自己的亲生儿子，不仅让吴子恬承担繁重的农务劳动，在吃穿用度方面也是极尽苛责。吴子恬父亲回家时，唐氏还诬陷吴子恬好吃懒做，不懂孝道，使吴子恬遭受父亲重责。吴子恬悲伤气愤，实在难以忍受，打算找唐氏理论，却被妻子孙氏婉言劝阻。孙氏还替丈夫向父母道歉，竭力维护家庭和睦。

吴子恬父亲去世后，唐氏私自瞒下千两银子，把产业分做三份：一份良田留给自己养老，另一份良田分给亲生儿子，只把一份荒田留给吴子恬。吴子恬气愤不平，想去争回自己应得的财产，在妻子孙氏劝阻下才打消了念头。

后来，唐氏的亲生儿子沉溺赌博，将家财败尽。孙氏又说服吴子恬迎养继母，帮助弟弟戒赌。吴子恬的弟弟痛改前非，吴家的日子又慢慢好了起来。后来，孙氏的三个儿子都考取了进士，为官一方，造福百姓。

好人瞿兴嗣

瞿兴嗣，明代江苏常熟人，以乐于助人、积善行义闻名，人称“瞿孝子”。

瞿兴嗣年少时，他的父亲过世。后来，母亲不幸瘫痪在床，他端饭奉药，日夜守候，无微不至。在他的悉心照顾下，母亲的身体渐有起色。

一天傍晚，瞿兴嗣带着家里黑狗到村外散步，走着走着，黑狗突然钻进路旁草丛，衔出一个布包。瞿兴嗣打开布包，发现里面有几份房屋契约，他合上布包后在原地等失主前来。等了很久，不见有人来，瞿兴嗣想起房契上的地址就在邻村，便前往寻找。他找到时，失主正在发愁，失主看到布包后感激不已，要给予酬谢，被瞿兴嗣婉言谢绝。

到了冬天，瞿兴嗣挂念村中的孤苦老人王婆，将二十缗铜钱从王婆家窗户的破洞中塞入屋内，然后悄悄离开。回到家中，瞿兴嗣遇见同村的吕四拿着五千文铜钱来买米。吕四收入微薄，家中子女又多。瞿兴嗣从仓库拿了一万文铜钱的米递给吕四，吕四不肯收，瞿兴嗣说：“我收了你一万文铜钱，你别糊涂了，快回去，家里的孩子都等着吃饭呢！”

归钺奉养继母

明朝人归钺，字汝威。归钺很小的时候，他的母亲就去世了，父亲续弦后又生了儿子。归钺家中贫穷，粮食不够吃，每到吃饭的时候，他的继母就借机指责他。这时归钺的父亲便不分青红皂白，把他撵出去。等归钺回到家中，父亲和继母又责备他："不待在家中，在外面做贼吗？"于是又用棍子打归钺，有几次差点儿把他打死。归钺有家难回，经常饿肚子，邻居们都很同情他。

归钺的父亲去世后，继母和她亲儿子居住，把归钺赶出了家门。归钺就在市场上卖盐，时常偷偷地见他的弟弟，询问继母的饮食，并送给他们食物。

不久，江南发生大饥荒，继母眼看就要被饿死。归钺哭泣着去接她。继母内心惭愧，终于被感化，跟随归钺回家了。归钺有了食物先给继母和弟弟，自己宁愿挨饿。后来，归钺的弟弟不幸因病去世，他继续赡养继母，至死也没说过继母的不是。

毛晋罢宴赈灾

毛晋，明代江苏常熟人，年轻的时候师从钱谦益，博学强记。毛晋喜欢搜集善本秘籍遗书，聚书八万四千余册，建汲古阁、目耕楼等，一生刊刻书籍六百多种，为私家刻书之最，在中国出版史上有重要地位。

毛晋不仅是一位出版家，也是一位慈善家，他一生修桥筑坝、浚河拓路，救助孤老、抚养幼小，创立义庄，做了许多善事，其中最著名的是罢宴赈灾的故事。

崇祯十五年（1642年）秋天，天降暴雨，数月不停，常熟受灾严重，百姓流离失所。时近年关，毛晋从外地返乡，途经徽州，遇到落难的吴拭一家人，心生怜悯，便邀请他们一同回乡避难。毛晋回到常熟，见饥民不绝于道。返回家中向妻子询问，了解到灾情严重，民心浮动。

前一年在恩师钱谦益的婚宴上，毛晋与恩师以及一众好友约好来年到自己家中过春节。眼见百姓受苦，毛晋修书几封，分别向恩师和好友说明原委，取消聚会，把为宴会准备的食材以及家里的余粮拿出来救济灾民，同时将三百亩良田抵押，筹措资金，开设粥棚。这一年春节，周围的百姓在毛晋的帮助下，没有一个人饿死。

好友雷司理赠诗曰："行野田夫皆谢赈，入门僮仆尽钞书。"

冒辟疆赈灾耗尽家财

冒辟疆是明末清初的文学家，江苏如皋人，一生著述颇丰。他读书生活的水绘园，曾经是人文荟萃之地，当时有人说："士之渡江而北，渡河而南者，无不以雉皋（如皋）为归。"

冒辟疆仗义疏财，他救济灾民的事迹有口皆碑。崇祯十三年（1640年），从山东到江浙沿海，千里大旱，飞蝗蔽日，百姓颗粒无收，在如皋，一斗米卖到了一千文。

冒辟疆捐出自己的家产，在如皋四门设粥厂，每天天不亮就起来，带着仆人发放粮食，检查稀饭的厚薄，核对人数，每天救助的灾民有三千多人。此外，对于那些老弱病残，他每天上门发放粮食和铜钱。前后历时五个月，救活了十万人。他的妻子苏元芳也把珠宝首饰拿出来，以弥补赈灾款项的不足。

冒辟疆救济灾民数十年如一日，最后家财耗尽，自己的生活十分窘困，晚年不得不靠卖字维持生计。

晋城陈氏人才辈出

陈廷敬是清代山西晋城陈氏家族的人。他是康熙倚重的肱股之臣，康熙称赞他“宽大老成，几近完人”。陈廷敬官声如此之好，与他的父亲陈昌期对他的教导不无关系。

陈廷敬走上官场时，陈昌期教育他说：“你能保持廉洁正派的品格，对我来说就是最好的回报。”儿在官场为国尽忠，父在家中积德行善。每逢饥年，陈昌期必拿出家里的钱粮赈灾，乡人皆感其恩德。

康熙二十七年（1688年）山西遭灾荒，陈昌期将几代储积的数十万石粮食全部发放给乡人，许多饥民因此得以活命。同时，陈昌期又把乡人历年来向他借钱的债券全部当众烧毁。山西巡抚奏请朝廷对他进行表彰，已经把请求旌表的公文送达礼部。陈昌期派人骑快马飞驰京师，命陈廷敬迅速出面阻止此事。当时陈廷敬已经是吏部尚书，他接到父亲的书信，按照父亲的意思立即具牒于礼部，要求礼部扣下山西巡抚的公文，不要上奏。

陈昌期积德行善，乐此不疲。他在八十五岁生日时，拿出家中所有的钱，换米数百石，周济乡人。乡里士民心里感激，要为他建生祠，来纪念他的恩德，陈昌期坚持不许。陈廷敬以后，陈氏儿孙辈又有六人考取进士，这大概就是积善之家有余庆吧。

冯行贞打虎

冯行贞，清初江苏常熟人。冯行贞年幼时，常与同伴在虞山上扔石子，慢慢练就了“投石子于百步外无不中”的本领。

一天，一个恶少带着几名随从在街上闲逛，看到一位老人在卖香瓜，抬手便抢。老人想要理论，还没来得及开口就被随从推倒在地，路过的行人纷纷躲避。冯行贞气愤难平，从口袋中掏出一枚自制的塞满矿灰的鸡蛋，朝恶少扔去。恶少的随从刚想扑上来，也都被鸡蛋击中，叫苦不迭。恶少不敢对抗，带着随从狼狈逃走。

冯行贞回家后向父亲说明此事，父亲知道恶少势大，担心他前来报复，让冯行贞先去外地躲避。冯行贞听说休宁有精通枪法的武术名家，便前去拜师。他跟随休宁人程打虎和张老学习枪法，武艺精进。临别前，两位老师赠送“仗义、行善、积德”六字箴言，冯行贞谨记于心。

冯行贞踏上归程，走到黄山脚下时，想起一位久未谋面的朋友住在附近的村落，前去拜访。进村后，无意间听村民说朋友前几日上山采药时被老虎咬死了。冯行贞大惊，赶到朋友家，把身上的盘缠全部拿出来交给朋友妻子，处理丧事。

第二天清晨，冯行贞上山寻找老虎踪迹。老虎趴在一块巨石上，冯行贞看准时机，将短枪刺入老虎额头。村民发现冯行贞不见了，便组织几十人敲着锣上山寻找。找到后，冯行贞对众人说："你们看，吃人的老虎睡着了！"村民抬着死老虎，兴高采烈地回到村里，设宴款待冯行贞。酒过三巡，冯行贞道："我朋友英年早逝，留下妻儿老小，希望诸位今后多多照应。"村民纷纷表态："冯先生有情有义，令人敬佩，乡里乡亲互相帮助是应该的。"酒宴后，冯行贞告别了村民，继续踏上了回乡之路。

良心好官鲁之裕

清朝雍正年间，有个叫鲁之裕的人，为人正直无私，襟怀坦荡。可是直到中年，鲁之裕也没有取得一官半职。后来，鲁之裕在河南总督田文镜手下听候差遣。有一天，田文镜对鲁之裕说："中牟县李知县为官失职，亏空了官库银两。我已向皇上写了奏章，将其免职，并派你去革掉他的官职，代理知县。"

第二天，鲁之裕便从开封出发，奔赴中牟。他一路上打听风土人情，查访民众疾苦，发现老乡们个个盛赞李知县廉洁奉公，爱护百姓，对田总督革李知县的职怨声载道。到了县衙，经了解，所谓库银亏空纯属冤案。李知县为官清正，从万里以外的云南进京谋职，不想等了十年，才得了个中牟县缺。上任后想接老母亲前来相聚，没有盘缠，迫不得已当着衙役的面，从官库里预借了一笔官俸。没想到母亲刚刚接来，就被革职查办。鲁之裕对李知县的遭遇深表同情，决定辞官不受，没接官印就赶回开封了。

鲁之裕没能奉命罢官接印，田文镜勃然大怒。鲁之裕自己摘下帽子，跪下行过大礼，对田文镜说："我半生穷困潦倒，为了谋求一官半职，千里迢迢来到河南，有幸得了中牟县缺。但进了中牟县亲见李知县深得人心，所谓库银亏空是一桩冤案。在这种情况下，我不能昧着良心升官，只能尽力保护这个无辜的好官，所以特地专程回来禀明情况，请求大人收回成命。”田文镜觉得鲁之裕的话言之有理，但撤掉李知县、任命鲁之裕的奏章已发出三天了。鲁之裕说：“不要紧，我骑马一天能跑三百里，可以把奏章追回来。请您赐给我一支令箭吧！”过了五天，奏章果然被追回来了。后来，鲁之裕被提任为清河道道台，在治理黄河、抗洪抢险中立了大功，受到人们的称赞。

陈鹤龄分家

清乾隆年间，顺天府宛平县（今属北京市）有个人叫陈鹤龄，他家本来是个富户，后来渐渐没落了。

陈鹤龄的弟弟陈永泰早年去世了，弟媳请求分家，陈鹤龄不得已同意了。弟媳对陈鹤龄说："兄长是男人，可以多方经营，我一个寡妇，儿女又小，请求您分给我三分之二的家产。"亲戚们得知此事，都说不能这么分。陈鹤龄说："弟妹说的是，听她的吧。"

弟媳又说自己是寡妇，不方便出去征收欠租，提出将全部家产分作两份，以多年来别人的借券连同所欠的利息作为一份分给陈鹤龄，而其他财物归她所有。陈鹤龄对此也没有提出异议，就按照弟媳所说的方案分了家。

后来，陈鹤龄并没有凭着那些借券追回钱财，一下子变得十分贫穷。

陈家祖上没有出过有功名的人，到了科举之年，陈鹤龄的儿子陈三立竟然在乡试时中了举人。发榜那天，乡人都感叹道："积善之家，必有余庆。老天爷终究不辜负善人。"

刘伯箴让产与弟

清代刘伯箴的父母早逝，他独自抚养两个弟弟成人。两个弟弟娶妻成家后，刘伯箴兄弟三人分家。

两个弟弟游手好闲，不久家产全部被人骗走。刘伯箴请来舅舅做见证人，把自己的家产与两个弟弟重新平分。不久，两个弟弟再次把家产败光。刘伯箴再次请舅舅来分家，舅舅说：“这种不成器的人，就该饿死，分什么家？”刘伯箴说：“兄弟如手足，人无手足，岂能独活？”两个弟弟又分得了家产，结果不久后又全部败光了。刘伯箴没有办法，只好又请来舅舅，要求两个弟弟以后和他一起生活。两个弟弟惭愧不已，从此改邪归正。过了十余年，刘家重新发家，拥有良田千亩，房屋成片。

刘伯箴六十岁时，提出三兄弟分家。两个弟弟死活不肯，说家产都是哥哥的，一块过就行。刘伯箴认为，他们的下一代未必还能如此兄弟情深，为了避免日后生是非，还是分家好。最终，刘家三兄弟平分了家产。

郑板桥体恤百姓

清代书画家郑板桥出生于江苏兴化，名燮，字克柔。他以画竹、兰见长，是著名的“扬州八怪”之一。因为他所作的书画下款都提“板桥郑燮”的字样，人们逐渐称他“郑板桥”。

郑板桥是一名儒官，为官清廉，爱民如子。他任山东潍县（今山东潍坊）县令时，为了避免打扰百姓，每次出巡都轻车简从，有时还穿着布衣草鞋，微服私访。

遇到灾荒时，郑板桥倾尽全力，救济灾民。他带头捐出自己的俸禄，同时要求地方的大户人家轮流舍粥供百姓糊口。有一年灾情严重，郑板桥决定打开官仓救济百姓，下属都劝他慎重行事，郑板桥说：“等朝廷批复，百姓早就饿死了，这责任由我一人承担！”这一举动救活了当地许多百姓，大家都感激他的恩德。

后来，郑板桥因为替百姓申请救济触怒了上司，被罢去官职。郑板桥离开时，全城百姓都来送行。郑板桥雇了三头毛驴，一头自己骑，一头让向导骑，一头驮运行李。送行的百姓见郑板桥做县令十余年，却两袖清风，没有半点儿积蓄，深受感动。

屈成霖创办安济堂

屈成霖，江苏常熟人。清乾隆元年（1736年）进士，任直隶卢龙（今河北卢龙）知县，颇有政绩，后升任景州（今属河北省）知州。在职期间，浚惠民渠，筑运河月堤，纂修州志，振兴书院，赈济百姓。

屈成霖告老还乡后，在常熟南门大街老宅院内安居。一日，屈成霖在茶馆喝茶，临走时看到门口一位老太太手里拎着一个小竹篮，篮里放着一个碗，很是可怜。屈成霖对她说："今日走得急，身上没带钱，明日我还会来。"老太太低声道："我已三天未吃东西了。"屈成霖赶紧扶她坐下，让面店老板帮忙买一碗阳春面，记在自己的账上。老太太一口没吃，将面全部倒入小竹篮里的碗中。屈成霖询问原因，原来老太太家中还有一个孙子与她相依为命，她想把面省给孙子吃。屈成霖一阵心酸，又买来一碗面让老太太吃。

回到家中，儿子屈曾发看到父亲精神不佳，询问缘故，屈成霖把当日所遇告诉儿子，父子二人商量许久，决定建一所养老堂。屈成霖父子捐田一千余亩，周密策划，精心选材，与施工队同吃同住，用了一年多的时间终于建成养老堂。竣工之日，苏州知府与常熟知县前来剪彩，沈德潜为养老院取名"安济堂"。

安济堂供老人免费吃住，还为老人免费看病供药。

安济堂有专门的管理人员，所有费用均来自田亩租息收入，已具备现代化管理雏形，是当时江南地区最大的民办养老堂。在屈成霖过世后，他的子孙继承遗志，为常熟慈善事业继续作出重要贡献。

翁咸封冒险救灾民

翁咸封是翁同龢的祖父，在海州任职十二年，先后八次参与赈灾，救济穷苦百姓。

有一年，海州发生严重洪灾，道路被冲毁，城乡之间的联系被阻断。海州知州唐仲冕请翁咸封带领船工前去救济。码头上挤满了百姓，他们都迫切地想知道乡下亲人的消息。翁咸封神色凝重地对众人说："请诸位放心，我会竭力赈灾，保百姓平安。"

去乡下赈灾途中，翁咸封不时从舱内出来，察看河岸两旁的情形，他突然发现湍急的河水中有一个中年人抱着圆木顺水漂浮。翁咸封急忙让船工将船靠近，用绳子把这个中年人拉了上来。到了一个村庄，翁咸封还没等船停稳，就往岸上跳，结果失去了重心，跌落河中，最终被船工奋力救起。等到翁咸封清醒过来后，他让这个中年人带路，挨家挨户地探访村中情形，最后发现全村人都躲在村中地势最高的一个寺庙里，翁咸封让船工把救灾的粮食、衣被等物资卸下，分发给村民。在半个月的时间内，翁咸封走访了受灾的十几个村庄，睡不解衣，食不知味。等到翁咸封回到海州城，向唐仲冕详细汇报了灾情，商讨了赈灾安排后，才返回家中休息。

在此后的一次赈灾中，翁咸封因劳累过度，感染风寒，病倒在床。嘉庆十五年（1810年），翁咸封在海州任内去世，海州百姓夹道送别。

陈揆捐书

陈揆，清代江苏常熟人，著有《稽瑞楼文草》，喜欢收藏古籍，聚书十多万册，内容以史志、地方文献为主，旁及说部，颇具特色。

明末清初，常熟藏书之风犹盛。每月十五早上，琴川河船只云集，江浙的贩书船汇聚于此，形成书市。陈揆会按时来到书市，根据书单选书，由于他从不讨价还价，书商都乐意把好书留给他。

一天，陈揆与好友黄廷鉴一起赴兴福寺拜读藏经。中午时分，他们看到寺中有两人发生了争执。住持解释道："兴福寺收留贫寒子弟，不仅提供食宿，还允许他们借阅寺内书籍。虽有大量藏经，但适合学生阅读的书很少，刚才两人就是因为借书的事发生争执。"陈揆突然萌生了一个念头：将藏书保存在兴福寺中，让读书人共享！

陈揆回家后与妻子、兄弟一起商量。妻子认为藏书应当留给孩子，兄弟认为不如将藏书出售，改善生活。陈揆沉思片刻，说道："我之前藏书，出于珍爱不肯惠及旁人，现在想来很不妥，书的价值不就是让人阅读吗？"

陈揆最终力排众议，坚持捐书。道光三年（1823年）五月，陈揆将一百六十部四百六十一册常熟地方志和邑人著述送往兴福寺，贮存在救虎阁内。道光五年（1825年）五月，陈揆临终前，又将第二批二百四十部四百三十九册图书送到兴福寺。

陈揆一生收书、护书、藏书，慷慨捐书，由他收藏的珍贵文化遗产经其他人递相珍藏，留传至今，成为我国文化宝库中的璀璨明珠。

林则徐清廉为民

林则徐小时候家境贫寒，他的父亲以卖柴为生。有一天，一位富人见他长得气宇非凡，就与他交谈。这位富人见他聪明异常，认为他将来必定会有所成就，就和林则徐的父亲商量，让林则徐和自己的儿子一起读书。这时候的林则徐才十二岁。

有一次，林则徐和同伴一起游玩，看到一位老妇人掉了一百文钱，就和同伴一起捡起来，但同伴却偷偷地藏起一文钱，林则徐看了很不高兴。林则徐出任两广总督时，那位同学想托林则徐谋求官职，过了很久也没有结果。他托人问林则徐，林则徐便对他直言，说他小时候心术不正，长大了也不会为民做主。

林则徐任湖广总督期间，有一年湖北连续多天大旱，百姓都快要饿死了。林则徐倡议官员们捐出俸禄买米粮，同僚们都不同意。某日，林则徐设坛求雨，一帮同僚都来了。大家在烈日下暴晒了几个时辰，都很难受，纷纷呕吐。同僚们吐出来的都有荤腥，只有林则徐吐出来的是粗粮。大家害怕被告状，只好捐钱给百姓买粮食。

应麟感母

清朝时，云南昆明人李应麟从小温顺善良。他的母亲去世后，父亲再娶。成年后李应麟用占卜的收入补贴家用。

李应麟对待继母十分孝顺，继母却将他视为眼中钉，百般刁难，常常对他施以棍棒。李应麟总是恭敬地跪着，毫不反抗。后来，他的父亲听信继母谗言，将他赶出家门。李应麟仍无怨言，每逢节日都带着礼物回家探访。

有一次，李应麟听说继母病了，急忙前往三十里外的药店抓药，回家后悉心照顾继母，过了很长一段时间，继母终于痊愈。继母十分感动，对自己之前的行为悔恨不已。李应麟劝继母不必在意，母子关系大为改善。后人赞曰：不忧继母逐离乡，母病回家侍药汤；将弟视同亲手足，母终悔恨变慈祥。

林则徐心怀天下

林则徐，福建侯官（今福建福州）人，晚清官员，民族英雄。因主持虎门销烟、抵抗西方的侵略而广受中国人的爱戴敬仰。

林则徐任江苏巡抚时，与时任两江总督陶澍共同在苏州兴办了丰备义仓，用以贮存赈灾粮。在此后的二十年间，丰备义仓在荒年救灾中发挥了重要作用。后来，丰备义仓由官办转为民办，并扩大了扶助内容，增添了施粥厂、儒孤学堂、贫民习艺所等项目，发展成一所综合性的慈善机构，其后续的慈善事业一直延续到民国时期。

后来，林则徐不幸被流放新疆。他不顾自己年事已高，协助地方办理垦务，奔波往返于库车、阿克苏、叶尔羌等地，行程数万里，开荒屯田，兴修水利。在伊犁边区时，林则徐拿出自己多年的积蓄，组织当地群众修建龙口渠。经过四个月的努力，成功引出水源，扩大了水流量，开垦荒地十万余亩，造福了当地百姓。

督抚同心

林则徐在江苏前后近十年间尤其是在任职江苏巡抚的五年，正是陶澍在两江总督任上。清代的总督官阶为正二品或从一品，巡抚为从二品或正二品，二人均为封疆大吏，因此督抚不睦甚至相互攻讦、拆台的情况普遍存在。而林则徐和陶澍之间那种和衷共济、同心同德的关系，在清代督抚之间是极为少见的。

一次越级上奏事件，足以看出林、陶二人之间的信任和支持。当时江苏连续两年遭受水灾，民不聊生，林则徐亲坐小舟往各处察看，从江宁府到常州府，从苏州府再到松江府，林则徐发现苏南各地的灾情、百姓的困苦比他此前听到的还要严重。于是他想奏请朝廷缓征灾区漕赋。

然而，这对于官员来说，是一件可能危及前程的行为。按当时的规定，请求因灾缓征或免征漕赋，必须在农历九月底之前，但林则徐察看各地后，已是十一月底，早已超过了期限。林则徐知道，仅这一点“违规”就必将引起朝中大臣的反对，更何况苏南地区历来是清廷的钱仓，仅漕赋一项就占江苏全省的十分之九，所以申请缓征漕赋的奏章甚至可能得罪皇帝。但他一心要为民请命，于是频频与陶澍往来函商，沟通情况。其实，巡抚没有办理漕政的全权，但是为了不连累陶澍，林则徐最终一个人越级上奏。

果然他的奏章触怒了道光皇帝，皇帝密令陶澍追究。陶澍却一面私下放风，让林则徐应变；一面据实上奏，支持林则徐的意见。

在陶澍力保之下，最终朝廷未再深究此事。而经过这件事之后，陶、林二人也更加肝胆相照，情深谊厚。

曾国藩做慈善不留名

晚清“中兴四大名臣”之一的曾国藩在中国近代史上是一位举足轻重的人物。对于慈善，曾国藩始终坚持着自己的方式和态度。

咸丰十一年（1861年），已是两江总督的曾国藩决定把总督府移到安庆。在前往安庆的路上，随行的师爷遇到了数十位行乞的灾民，他急忙向曾国藩汇报。师爷本以为曾国藩会停车下来赠予灾民一些银两，或者给予灾民适当的帮助，以助灾民顺利渡过旱灾，重返家园。让师爷没想到的是，曾国藩只是打量了他们几眼，就让车夫驾着马车径直地从这群灾民身边开了过去，直到师爷看到灾民在视线中消失，曾国藩也没有一点儿施舍的意思。师爷心底感到非常疑惑，喃喃道：“名满天下的两江总督怎么会是这样一位铁石心肠的人？”

正当师爷对曾国藩的行为感到失望的时候，曾国藩突然示意车夫停车，然后把紧跟在后面的一名衙役叫了过来，曾国藩吩咐衙役赶快脱掉官服换上商人的衣服。接着他把自己临行前预备的干粮和二十两银子交给这名衙役，嘱咐衙役务必赶上远去的灾民交给他们。曾国藩还向衙役交代，如若灾民问起，就说你是路过此处的商人，切记不可说是我曾国藩捐助的。

后来曾国藩从两江总督升到直隶总督，他打击了长期为非作歹、巧取豪夺的强盗团伙，收缴了大量的金银珠宝。儿子问曾国藩怎么处理这些贼赃，曾国藩回答说：“一分钱也不准动，这些钱都来自百姓，那就全部捐给地方做慈善。”同时，曾国藩提醒下属，不管捐到哪里，千万不要留名。曾国藩一生就这样默默做慈善，从不留名。

晚清民间赈灾第一人唐锡晋

唐锡晋，字桐卿，江苏无锡人，清朝官吏。

唐锡晋年少时，父母双亡，父亲曾留下遗训："尔果得生者，无忘利济矣。"唐锡晋谨记父训，赈济时间长达三十七年，足迹覆盖八省五十一州县，成为出类拔萃的义赈领袖。

1876年，山西、河南发生旱灾，身为私塾先生的唐锡晋积极参与赈灾，为灾区募集钱款。1898年，苏北淮、徐、海三州遭受洪灾，唐锡晋捐出全部积蓄救济灾民，同时让长子唐宗愈赶回无锡老家募捐。1900年，陕西关中遭遇严重饥荒，官府自顾不暇，无力救助灾民。唐锡晋与另一位义赈领袖严作霖各带二十人的队伍，携带募集的钱款，冒雪进入陕西赈灾。1906年，湘中发生水灾，灾民担心官府的官员中饱私囊，官民矛盾激化。唐锡晋此时正卧病在床，听闻消息后，急忙赶往现场劝解灾民，化解了矛盾。

唐锡晋去世后，人们在无锡惠山为他修建祠堂，以纪念他的杰出贡献。唐锡晋的儿子唐宗愈继承父亲遗志，编撰《唐锡晋查赈规章》，并在北京成立孝惠学社，继续推动慈善事业的发展。

杨岱独修万丰桥

杨岱，清代江苏常熟人。他创置义庄、义塾、义田、义冢，筑堤、建桥、浚河，凡有益于桑梓之事，无不竭力为之。

一日，杨岱出门办事，途经残破的万丰桥，无法渡河，徘徊四顾，不见摆渡船的踪影。眼看要下雨，杨岱朝最近的一户人家跑去。开门的是一位老翁，老翁热情地将他迎进屋内。寒暄几句后，杨岱对老翁说："前几年，我来过万丰桥，今日要去对岸办事，不曾想桥却断了。"老翁叹了口气，说道："桥断了有一年多了，先是有一艘货船撞到了桥墩导致桥体倾斜。去年夏天，一场暴风雨过后，桥就彻底断开了。"杨岱接着说："这一段水路，没有一座桥，很不方便，为什么不设法修一修呢？"老翁摇摇头，回答道："这里比较偏僻，平时只有附近几个村庄的人往来，可村民普遍贫穷，实在是无力修桥啊！"

杨岱当下就决定帮助老人完成修桥的心愿。第二天清晨，杨岱联系当地石匠，一同来到老翁家，说明来意。老翁惊喜万分，与二人一同前往河岸测绘，岸边聚集了许多闻讯而来的村民，听说杨岱要资助修桥，纷纷表示愿意贡献自己的一份力量。

第二年春天，一座新的万丰桥正式建成，两岸村民的生活重新恢复了正常。

小说家刘鹗也是慈善家

清代小说《老残游记》以主人公老残游历山东各地的活动和见闻为主线，深刻揭露了晚清社会矛盾，该小说被誉为“晚清四大谴责小说”之一。其作者刘鹗不仅是一名优秀的小说家，还是一位热心公益的慈善家。

庚子之乱时，八国联军烧杀抢掠，慈禧太后带着光绪帝仓皇西逃。京师一片混乱，“当此大难猝兴，走则无资，留则无食。月初有西友自京师来云，见京官宅中，有陈设依然，而男子逃走，女子自尽，尸横遍地者；有大门紧闭，而举家相对饿死者。闻之不自知其泪下涔涔也”。刘鹗当时寓居上海，听闻京津同胞受难，夜不能寐，决心赈灾济民。第二天，他搜罗家中细软，并变卖淮安田产，计一万二千两，同时致函民间慈善团体中国救济善会表示愿意率人赴北京进行赈济活动。

刘鹗首先赈恤濒临死亡的无告灾民，免费为他们分发赈灾粮。刘鹗在日记中写道：“平民男女日领粮者，不下数万口，颇形拥挤。”同时，设平粜局平抑粮价。另外，有序推进掩埋和疫病防治工作。刘鹗的赈灾活动是在占领军横行逞凶的情况下进行的。1901年春，由于南方交通受阻，各地救灾款未到，眼看粮食将断，刘鹗焦急万分。此时他得到消息，占领海运仓的俄军不吃大米，正准备焚烧粮仓做兵营。于是，刘鹗利用与各国领事熟悉的便利，联合赈济机关低价购进俄军的大米，再以平价卖给北京市民。

清廷返回北京后，不但没有表彰刘鹗，反而欲以通洋和盗窃皇仓罪惩办他。后来经熟人周旋，刘鹗才幸免获罪，但他被处开除官职永不再用。于是，刘鹗在1902年携家南归。

刘鹗不顾个人安危，奋起北上，倾其所有，携带巨资进京赈灾，挽救了几十万人的生命，在中华慈善史上留下了光辉的一笔。

慈善

第四辑

■ 怜比爱少些味道，可是更多着些人情。——老舍
■ 几十年的经验使我懂得，多想到别人，少想到自己，便可以少犯错误。——巴金

江南大善人余治

余治，江苏无锡人，近代著名慈善家、戏曲作家。

早年间，余治主要在家乡无锡、江阴一带开展慈善活动。

1840年，无锡发生水灾，许多百姓流离失所、艰难度日。余治一方面上书请求政府组织赈济抚恤灾民，另一方面在乡间设置粥店救济灾民，以解燃眉之急。这次赈灾取得了良好效果，余治将开设粥店的经验汇集成册，编著成《劝开粥店说》和《粥店十便说》，引导人们向善，施济灾民。

余治在救助弃婴方面也做了许多工作。1843年，余治在无锡设立保婴会；1845年，余治集资开设义塾，供贫家子弟读书；1848年，江阴遭受水灾，余治在此地倡导成立恤产保婴会。此外，余治发挥自己专长，编撰戏曲剧本，组织孩子排练，赴各地演出。

太平天国运动爆发后，江南成为战场，余治进入交战地区进行善后工作，行善区域扩展至江苏、上海、浙江等地。

在赈灾活动之外，余治广收门徒，以朋友和师生关系为纽带，形成了颇具规模的慈善家群体，在晚清慈善事业中发挥了重要的作用。

晚清官员慈善家代表盛宣怀

盛宣怀，江苏常州人，洋务派代表人物，被誉为“中国实业之父”和“中国商父”。他在天津创立广仁堂，与绅商在上海创设上海万国红十字会，后受命担任中国红十字会会长，是中国近代著名的慈善家。

1871年，京畿一带发生洪灾，灾民损失惨重。盛宣怀的父亲盛康向灾区捐赠了两万件棉衣，帮助灾民过冬，同时派盛宣怀前往两淮采购粮食，并运至天津赈济灾民。

1879年，在盛宣怀的倡导下，广仁堂在天津成立。作为规模较大的慈善机构，广仁堂用以收容孤贫妇女，抚养流落儿童。堂内设立戒烟所，帮助烟民戒烟；开设义诊所，免费为穷苦百姓治病。此外，广仁堂还在赈济灾民和灾后重建等方面发挥了重要的作用。

盛宣怀不仅热心慈善，还积极投身办学。他在给朝廷的奏折中强调：“自强首在储才，储才必先兴学。”在盛宣怀的倡议下，光绪帝批准设立了近代中国第一所大学——北洋大学堂。盛宣怀还出资创办了南洋公学、电报学堂等，为近代中国教育事业的发展作出了杰出贡献。

“红顶商人”胡雪岩

胡雪岩，名光墉，安徽绩溪人，中国近代著名的红顶商人。

胡雪岩小时候家境贫寒，家人以种地为生，在亲戚的介绍下，他来到杭州的一家钱庄当学徒。后来因为机缘巧合，胡雪岩受到了浙江巡抚王有龄、朝廷重臣左宗棠的赏识，游刃于官商之间，成为“红顶商人”。

1871年，直隶发生水灾，胡雪岩捐制棉衣一万五千件，捐银一万两。1877年，陕西发生旱灾，老百姓急需粮食充饥，胡雪岩捐赠实银五万两解陕备赈。此外，胡雪岩还向江苏沭阳县捐赠赈务制钱三万串；向山东捐赠赈银两万两、白米五千石、制钱三千一百串、棉衣三万件；向山西、河南各捐赠赈银一万五千两。

在赈灾过程中，胡雪岩发现，战乱与自然灾害频发导致很多人缺乏有效的医治，很多百姓为此失去生命。1874年，胡雪岩在杭州创办胡庆余堂，聘请江浙名医收集整理各种古方、秘方，编印成《胡庆余堂雪记丸散全集》，分送各界。

吴昌硕乐于助人

大画家吴昌硕出生在浙江安吉一个风景清幽的山村里。他十几岁在私塾里念书的时候就爱好刻印，书包里经常带着刻印工具，一有空就拿出来练习。他的老师担心他耽误功课，总是加以阻止，但他还是背着老师偷偷地练习。

三十多岁的时候，吴昌硕又爱上了画画，并有幸得到大画家任伯年的指点。任伯年对他说："你爱怎么画就怎么画，随便画上几笔就是了。"于是，吴昌硕随意画了几笔。任伯年看他落笔不凡，笔墨浑厚挺拔，不禁大加赞赏，说道："你将来一定会在绘画上成名。"

成名后的吴昌硕生活节俭、乐于助人。吴昌硕寓居苏州时，有一次从朋友那里回家，途中遇到大雨，他在一个废园中避雨时遇到了一个卖豆浆的人。通过聊天，卖豆浆的人知道他是一位画家，就向他索画，吴昌硕慨然应允。过了几天，卖豆浆的人到他的寓所取画，发现他早已画好，并在画上题了一首诗，叙述这次邂逅的经过，以作纪念。

吴昌硕也乐于提携有才华的青年。吴昌硕看中了一位在药铺里当学徒的青年，此人在刻印方面很有潜力，就对他加以指点，并介绍他到老友沈石友那里学习。这位青年得高人指点以后，眼界大开，进步很快，后来终于成为一名篆刻家，他就是别号泥道人的赵石农。

近代义赈先驱经元善

经元善，浙江上虞人。经元善年幼时随父迁居上海，长大后子承父业，任同仁辅元堂董事，经营仁元钱庄，为人疏财仗义、乐善好施。

19世纪70年代末期，山东、山西、河南等地连年发生洪灾，百姓流离失所，生活窘迫。经元善创办上海协赈公所，组织上海绅商进行义赈活动，募款赈灾。截至1879年底，由上海协赈公所输送至直隶、河南、陕西与山西四省的赈灾款达四十七万两白银，借此帮助许多百姓渡过了难关。

经元善在义赈的过程中发现，只有疏通河道才能从根本上消除洪灾带来的危害。他提出了“官义合而为一”的赈灾思路，筹措资金，兴修水利，主张由选拔出的优秀官员核实灾民情况后对灾民进行救济，取得了显著效果。

除了赈灾，经元善还积极倡导兴办新式教育。他倡导修建女子学堂、经正学堂、农工学堂等，为推动中国近代教育发展作出了积极贡献。

武训乞讨兴学

捐款办学是一种积善成德、福泽后世的大善举。说起捐款办学校，近代最了不起的人之一就是武训。武训原名武七，清末山东堂邑人，一边乞讨一边为人做工。由于不识字，武七曾被一个雇主骗了工钱。这件事对他刺激很大，也让他下决心兴办义学。

为了积攒办学的费用，武七白天乞讨，晚上纺织麻线赚工钱。几年过后，武七攒够了六千文钱，他把钱存在当地一位仁善之家。此后，武七每攒够一千文钱都存到这家，而他由此所获的息金也随之增加，本息累计为白银几百两。

1888年，武七出资四千余吊钱，在堂邑柳林庄办起了第一座义塾。他高薪聘请塾师授课，并到穷人家极力劝说，让家长把孩子送到学校免费读书。开学那天，武七向每一位老师和学生行礼，并摆下丰盛的酒宴款待他们。武七自觉身份卑微，不便入座，就请当地有声望的名人陪席，而他本人躲在厨房吃残羹剩饭。平日上课，武七经常到义塾探视，见到老师勤奋授课，他便高兴地作揖，甚至跪地拜谢。若是遇到塾师懈怠或学生贪玩，武七就长跪不起，流泪劝其勤勉。因此，师生都对武七非常敬畏而不敢懒散。

后来，武七又靠乞讨所得兴办了陶馆、临清两所义塾。山东巡抚张曜得知武七乞讨兴学的义举后，为其赐名“训”，并奏请朝廷赐武训“乐善好施”匾。1896年，五十九岁的武训在为家乡留下三座学堂后，长辞于临清义塾中。民国时期修成的《清史稿》为其列传。乞丐进国史，是中国历史上的稀奇事情，武训的仁心善行将一代代传承下去。

翁同龢赈灾

翁同龢，江苏常熟人，清咸丰六年（1856年）状元。他历任户部侍郎，都察院左都御史，刑部、工部、户部尚书，军机大臣兼总理各国事务衙门大臣等，为同治、光绪两朝帝师。

光绪十五年（1889年）八月，苏州地区受台风袭击，连下暴雨，洪水泛滥，房屋被毁，田地被淹。翁同龢先与好友潘祖荫各捐一千两银子给苏州府，以示对家乡百姓的关怀，又与苏州籍京官陆润庠、汪鸣銮等八人联名奏请朝廷拨款赈灾，免征岁赋。亲政不久的光绪帝立即下旨，调拨库银五万两赈灾，并允准苏州、常州、镇江三府全年免征田赋。

光绪十八年（1892年），直隶发生严重水灾。当时国库空虚，一时拿不出银两赈灾。群臣商议，决定开设赈灾局，筹集社会捐款来救济灾民。时任户部尚书的翁同龢与大学士张之万各作书画和扇面十件捐赠给赈灾局。这些墨宝被一位懂行的富商全部买下，消息传开，翁同龢书画赈灾的事成为佳话。

胡沁园指点齐白石

齐白石从木匠成长为一代国画宗师，一路多有贵人相助，胡沁园便是其中之一。

1889年，齐白石去一户赖姓人家做木工活时，恰巧遇上了当地很有名望的胡沁园。

胡沁园是宋代理学家、文学家、书法家胡安国的第十八代孙，是一位风雅仁厚、性情慷慨、喜交朋友的文人。他人品高贵、无视功名，也不求闻达。胡沁园收藏了不少名人字画，工书法、擅画工笔花鸟，属晚清文人中的隐士。

喜欢绘画的齐白石在当地已小有名气。两人相见，胡沁园出了一个“飞来佳禽对语”的画题，齐白石当即画了一对展翅归来的燕子。胡沁园颔首嘉许，问了齐白石的家境，还问他愿不愿意再读读书、学学画等。齐白石回答说很是愿意，只是家里太穷。胡沁园当即表示，只要齐白石愿意学习，他可以提供帮助。后来，齐白石前往胡家，被胡沁园正式收为弟子。

胡沁园除了教齐白石绘画技能，也对他的修身处世提出了严格要求：一是要学会作诗，以诗会友；二是要读万卷书，行万里路。这两项要求，很显然是希望齐白石不要安于做一个仅能养家糊口的画匠，而是想要让他成为一个真正意义上的文人。胡沁园的提携和指点，对齐白石成为丹青巨匠起到了至关重要的作用。

我们现在见到的齐白石画作上常署的“齐璜”“濒生”“白石山人”等名字和别号，都是当时胡沁园和陈少藩为他取的。

1914年，胡沁园辞世，齐白石在他的灵前祭拜，自撰挽联一副：“诱我费尽殷勤，衣钵信真传，三绝不愁知己少；负公尤为期望，功名应无分，一生长笑折腰卑。”齐白石在挽联中以衣钵传人自许，足见胡沁园在他心目中的至高地位。

张謇助建瓶隐庐

张謇一生最感恩的人是翁同龢。1898年，翁同龢因举荐康有为、梁启超，支持光绪帝变法图强，触怒了慈禧太后，被削职遣回原籍，交地方官严加管束。

翁同龢回常熟后，租住在大东门的一户张姓人家家里。一天，张謇从南通赶来看望老师，翁同龢对他讲述了自己的困境。原来，翁家子孙众多，翁氏老宅根本容纳不下这么些人，而且自己从北京带回的大部分银两已经用以捐助灾区，剩余的银两不足以建房，只好租住在此。

张謇听后，十分难受，安慰恩师："我想办法帮您解决住房问题。"张謇回到南通后，发动几位好友筹集钱款。又联系工匠，在虞山西麓为老师新建了一座京式院落。院子落成后，翁同龢为院落起名为"瓶隐庐"，又给自己起别号为"瓶庐居士"。

翁同龢去世后，张謇坚持来为恩师扫墓，看到恩师故居墙塌壁倒，深为惋惜，于是拿出银两找人修缮，而后将瓶隐庐交于翁氏后人。

1982年，常熟市人民政府拨款修复了瓶隐庐，并将其对外开放。人们在缅怀翁同龢的同时，也没有忘记有情有义的实业家张謇。

急公好义的朱阆仙

朱阆仙是绍兴慈善名人，其父为沪上名医，行医三十年，颇有声望。朱阆仙的父亲去世后，他继承了父亲的遗产，热心于慈善事业。晚清和民国时期，战乱与自然灾害频仍，百姓贫病交困，大约从1909年开始，朱阆仙就个人出资在东昌坊口王广思台门废墟设粥厂。

每年腊月，从初一到除夕，朱阆仙派人天天煮米粥，免费供应饥民早中两餐。后来尽管绍兴县商会接收了粥厂，但朱阆仙仍然出钱出力。朱阆仙还在东昌坊口办起永庆局，施送膏药丸散。永庆局内设诊所，以治妇女病为主。朱阆仙略懂医术，有时亲自坐堂诊治病妇。永庆局冬施姜汤，夏施茶、扇、蚊药。

平时，遇有贫不能殓者，朱阆仙则施舍棺木。亲族告贷，他亦无不应助。从清光绪末年开始，朱阆仙就被推举为西郭门外绍兴育婴堂董事、开元寺内绍兴县同善局董事。他的种种善举，在绍兴民众中间留下良好的口碑，政府也常常给他颁奖以资鼓励。如北洋政府时期，徐世昌向他颁发金质嘉禾奖章，并致送“急公好义”匾额一方。民国时期，浙江省教育厅也授予他捐资兴学奖章。

张謇的六十大寿

张謇，号啬庵，中国近代著名的实业家、教育家，主张“实业救国”。他在南通兴实业，办教育，为慈善事业倾注了一生心血。

1912年，张謇从年初到年末都忙得不亦乐乎。几个月前，武昌起义的一声枪响标志着辛亥革命的全面爆发，张謇从一个立宪派转向了共和派。他剪掉了长长的辫子，先是到南京见了孙中山，被任命为中华民国临时政府实业总长。他又到北京见了袁世凯，在袁世凯的授意下，这位曾经的清朝状元替清朝皇帝溥仪草拟了《清帝逊位诏书》，随后他就任中华民国北洋政府农商总长。民国初年，张謇有许多庞大的实业计划，但他惦记着长江口的南通和南通老乡，于是率先筹划着在南通建立更多的慈善机构和学校。

在张謇六十寿诞时，原本应该花巨资隆重地庆祝一番，他却把宴客的钱和亲友的馈金一并拿出，建立了南通第一家养老院。他还约定在十年后的七十寿辰之时再捐赠一所养老院。谈到创办养老院的原因时，张謇说：“夫养老，慈善事也。迷信者谓积阴功，沽名者谓博虚誉。鄙人却无此意。不过自己安乐，便想人家困苦，虽个人力量有限，不能普济，然救得一人，总觉心安一点。”

此后，张謇忙于规划并筹建残废院和盲哑学校。对于残废院的收养对象，张謇规定，凡是残废者，不论年龄，不论籍贯住所，均可入院，包办吃饭穿衣。创建一所慈善性质的盲哑学校是张謇多年的心愿。早在1903年，张謇曾专门赴日考察日本的盲哑学校，回国后，他致信江苏按察使，建议官方兴办盲哑学校未果。1911年，张謇赴北京之际，专程考察了烟台芝罘盲哑学校。1915年，张謇创办了狼山盲哑学校师范科，着力培养盲哑师资。其后，他又创办了狼山盲哑学校，并亲自担任校长。狼山盲哑学校成为中国第一所盲哑学校。

除了筹建数所慈善机构，张謇还一口气筹建了数所学校，包括医学专门学校、纺织专门学校、水产学校和河海工程专门学校等。

王朝阳办学

王朝阳，江苏常熟人，幼读家塾，早年随父学医，兼读诗书，潜研经史。

1904年，王朝阳考入江苏师范学堂，刻苦励志，被省政府选派至日本考察学习，回国后写下了12万字的《日本师范教育考察记》，介绍日本教育事业的发展经验，在教育界引起了热烈反响。

1913年，王朝阳发起捐资并利用家中房屋创办沈浜小学，此举得到了全体村民的支持。1915年学校扩建时，王朝阳再次捐地2.5亩，银圆135元，赠书百册，建起了儿童图书馆。此外，王朝阳还亲自为沈浜小学谱写了校歌，歌词曰："元和塘清且长，源远流乃畅，活泼进步无滞相，似我少年样。十年树木，百年树人，生命日伸长。美哉，我校又我乡，希望真无量。"

1921年，已担任江苏省立第一师范学校校长的王朝阳返回家乡为先人扫墓，许多百姓向他反映：村里的孩子初小毕业，想继续念高小，但是城里的高小路途遥远，费用昂贵。王朝阳了解到乡邻困难后，带头捐款，同时发动乡绅集资，在县教育局的支持下，新校舍很快建成。

李叔同资助刘质平

民国奇人李叔同是一位好老师，他培养出了大批人才。在众多弟子中，李叔同与刘质平最为亲近。

1912年冬的一天，喜欢音乐的刘质平作了一首曲子，持谱去李叔同宿舍请教。李叔同接过曲谱，审视良久，悄声告诉他晚上八点半到教室来。这天夜里下着雪，刘质平提前五分钟来到教室，只见室内漆黑一片，他不敢贸然进入，只好站立在寒风中等候。待到八点半时，室内灯光突然亮起，李叔同肃然而出，掏出怀表对刘质平说："时间无误，知道你已饱尝风雪之味，你可以走了！"刘质平事后感悟到，这是老师对他的考验。

李叔同非常爱惜刘质平的音乐才华，决定出钱资助他留学日本深造。当时，留学日本除了学费以外，还有每个月二十元的生活费。然而，刘质平家境贫寒，根本承担不起这笔钱。李叔同当时在杭州每个月的收入为一百零五元，他将收入分作四份，天津、杭州两个家各用四十元，自己用五元，剩下的二十元则用来资助刘质平上学。

李叔同对刘质平说，不要把被资助的事情告诉任何人，也不要因为接受资助而惴惴不安，以致过于勤奋提前完成学业。他只希望刘质平好好读书，好好生活，快快乐乐，顺利完成学业。

在资助刘质平读书期间，李叔同已经有了出家的念头。但是，如果出家，没有了固定收入，学生的生活费就没有了着落。所以，李叔同没有立即出家，而是一边筹钱，一边继续教书。直至凑齐了一千元，足够支撑刘质平完成学业，李叔同才出家。出家后的李叔同成为著名的弘一法师。

一生行善的刘子如

1870年，刘子如出生在重庆的一户贫苦人家。刘子如十三岁时，流露街头成为孤儿。年少时的悲惨遭遇促使刘子如发愤图强，成年后他在经商方面取得了巨大成功。刘子如对贫苦百姓和孤儿有着深厚的感情，他积极投身于慈善事业，帮助了许多人渡过难关。

1914年，刘子如倡导修建了重庆第一所教养兼施的孤儿院——重庆孤儿院（后更名为重庆市私立孤儿院），刘子如任副院长。到1934年，孤儿院收养的孤儿数量已接近四百人，孤儿院的教养条件和环境也得到了明显改善。

刘子如不仅热心慈善，还积极投身于爱国救亡运动。抗日战争全面爆发后，刘子如在重庆组织成立了中华民国抗日军四川后援会，呼吁全民万众一心，团结一致，为民族而战。

1948年农历腊月，刘子如因病去世，家人遵其遗嘱，给他穿两件布衫，薄棺入土。

瞿启甲创建图书馆

瞿启甲，江苏常熟人，著名藏书家。辛亥革命后，瞿启甲曾任北洋政府众议院议员。1923年，因反对曹锟贿选总统而辞归故里。

瞿启甲积极创办常熟公共图书馆。1915年春节刚过，常熟城还沉浸在节日气氛中，瞿启甲就邀请了同道好友丁祖荫、张鸿、徐兆玮、曾朴等人到自己藏书的铁琴铜剑楼观书，顺便讨论筹办图书馆的具体事宜。众人就选址、经费来源、人员配备等事项进行探讨，形成了初步方案。

此后，瞿启甲请徐兆玮撰写《图书馆征书启》，动员社会各界捐赠书籍，图书馆建成后，瞿启甲任图书馆第一任馆长。1924年，军阀内战，为免兵燹，瞿启甲又将藏书移至上海。后来他在抗日战争中历尽艰辛，将藏书转存于租界银行的保险箱中。1940年，瞿启甲留下遗嘱："书勿散，不能守，则归之公。"新中国成立以后，瞿氏后人将饱经磨难的藏书捐给了国家，实现了瞿启甲的夙愿。

齐白石和陈师曾

齐白石一生，遇到过很多贵人，陈师曾也是其中之一。陈师曾是陈寅恪的哥哥，他成名很早，年纪轻轻就被梁启超誉为“中国现代美术第一人”。齐白石从木匠变成画家，胡沁园功不可没；齐白石能成为大画家，也多亏了陈师曾的提携。

1917年，齐白石第二次到北京避匪患，在琉璃厂南纸店卖画、刻印，陈师曾循迹造访，两人成为莫逆之交。在陈师曾的建议下，品格不错但画法太拘谨的齐白石准备“衰年变法”。齐白石自称，“余作画数十年，未称己意，从此决定大变”，“师曾劝我自出新意，变通画法，我听了他话，自创红花墨叶的一派”。

齐白石真正“变法”是从1919年初再返北京后开始的，也是受陈师曾的启发而进行的，陈师曾还常常帮助他。

陈师曾对北京国画圈的同仁讲，齐白石思想新奇，他的画不是一般画家能画得出来的，并号召朋友们帮助这位乡下老农，为他的绘画作宣传。

经过三年的“变法”，1922年，陈师曾携齐白石画作在日本东京参加了中日联合绘画展览会。自此，齐白石名声大震于东瀛，画价亦暴增。1923年，陈师曾病故，齐白石十分伤心，他对张次溪说：“我如没有师曾的提携，我的画名，不会有今天。”

“近代慈善之父”熊希龄

民国时期，熊希龄因不满袁世凯复辟帝制，辞职退出政坛，投身慈善事业，在救济灾荒、救助孤贫幼儿等方面成绩斐然。

1917年，京津一带发生洪涝灾害，百姓流离失所，出现了许多无家可归的儿童。熊希龄在北京设立了一所慈幼局，最初的计划是开办5个月，收留暂时无家可归的儿童，等待灾后再由返回故土的家长领回。出乎意料的是，灾后仍有200多名儿童无人认领，熊希龄决定出资修建一处永久性的儿童教养机构来养育这些孤儿。1920年，香山慈幼院正式建成，收养了640名儿童。1924年，香山慈幼院的儿童已有1500余人。

后来，熊希龄接任世界红十字会中华总会会长一职。1937年，淞沪抗战期间，熊希龄在上海设立了伤兵医院和难民收容所，收容伤员，救济难民，全身心投入抗日救亡运动。

1937年12月，熊希龄突发脑出血，在香港病逝。1992年5月，熊希龄的遗骨从香港归葬北京。在归葬仪式上，著名社会学家雷洁琼说：“熊希龄先生是中国近代史上著名的教育家、社会活动家和慈善家，也是一位杰出的爱国主义者。他在旧中国奋斗了半个世纪。他的一生是忠于慈善教育事业的一生，是追求光明与进步的一生。”

郁达夫救济沈从文

郁达夫和沈从文都是近代中国优秀的文学家。在郁达夫名扬文坛的时候，沈从文还是一位自卑内敛的文学青年。

1922年，沈从文拎着行李，怀里揣着仅有的几块钱来到了北京。他住在又窄又潮湿的会馆中，想通过写稿、投稿来赚取稿费。然而，他投出去的稿子全部石沉大海，甚至有人直接把他的稿子扔进垃圾堆。半年过去了，他花光了所有的积蓄，过着吃了上顿没有下顿的生活。

走投无路的沈从文尝试着给郁达夫写了一封信，郁达夫收到信后顺着地址找到了沈从文。那是个寒冷的冬日，郁达夫走过悠长的巷子，终于找到了沈从文的住处。他推开门一看，屋子里都没有生火，沈从文正裹着棉被坐在凉炕上写作。通过聊天，郁达夫才知道沈从文已经整整三天没有吃饭了。

沈从文告诉郁达夫自己来北京是为了进国立大学念书，这样至少毕业后可以解决生计问题。但大学没念成，接济自己的人也无钱寄给自己。穷极无路之下，只好写信给一个与自己素不相识的人求助。郁达夫听完沈从文的遭遇，内心深感震撼，他把自己的围巾送给了沈从文，还拉着沈从文去“四如春”饭馆好好地吃了一顿饱饭。这顿饭花了一块七毛钱，郁达夫用五块钱付了账，并将找回的三块多钱给了沈从文。当时，郁达夫的工资经常被拖欠，他自己的生活也并不宽裕。

1924年，郁达夫写了一封公开信——《给一位文学青年的公开状》，表达了对这位有志青年遭遇的同情，他还把沈从文介绍给各个杂志的主编，沈从文这才进入了众人的视野。

在沈从文70多岁的时候，郁达夫的侄女郁风去拜访他，沈从文又一次提起郁达夫的“一饭之恩”。关于这件事情，沈从文整整铭记了半个世纪。

印光法师宽厚待人

印光法师是民国四大高僧之一，他一生淡泊清苦，随遇而安。

据他的徒弟弘一法师回忆，印光法师每天早晨仅吃一碗白米粥，不吃咸菜。每次吃完饭，印光法师都会往碗里倒开水，将碗荡涤干净，然后喝下开水，唯恐浪费剩余的饭粒。在上海太平寺时，关䌹之居士请印光法师吃斋，印光法师不去，经过再三邀请，他才嘱咐只需一盒馒头、一碗豆腐渣即可。关居士无奈，只得答应照办。在苏州报国寺时，有一次一位客人将半杯开水倒入了痰桶，受到了印光法师的批评。

印光法师虽薄以待己，却厚以待人。对于赈灾济贫的事，印光法师总是权衡轻重，急人所急。1926年，刘镇华兵围西安，饿死了数万人。解围之后，印光法师立即拿出印制《印光法师文钞》的三千银元赈济。1935年，陕西大旱，他得知后，马上拿出存折，汇款一千银元。

林徽因喜欢提携年轻人

林徽因才貌双全，在建筑学、文学等方面贡献巨大，她特别喜欢提携年轻人。

1931年，卞之琳在《诗刊》第二期发表了几首诗歌，引起了林徽因的注意。林徽因认为卞之琳极具诗人潜质，便邀请卞之琳来家中做客，通过约谈、交流，来提携、勉励卞之琳。在卞之琳晚年撰写的回忆文章里，他一直对林徽因的关心满怀感激。

1933年11月，燕京大学的学生萧乾在《大公报》上发表了短篇小说《蚕》，引起了林徽因的关注。林徽因通过《大公报》副刊主编沈从文，邀请萧乾来家中做客。两人一见面，林徽因就说："你是用感情写作的，这很难得。"一句话，消除了萧乾内心的恐慌，两人愉快地交流起来。在林徽因和沈从文的帮助下，萧乾很快成为京派作家群中的一员。后来，萧乾担任《大公报》文艺副刊编辑，凡组织约稿恳谈会，林徽因必到。此外，林徽因还帮助萧乾选编《大公报小说选》。

1934年秋，刚从法国留学回来的李健吾在新创刊的《文学季刊》上发表了一篇文章——《评福楼拜的〈包法利夫人〉》。林徽因看到后，给未曾谋面的李健吾写了一封长信，约他见面。从此，两人成为知己。

张鸿率红十字会共纾国难

张鸿，江苏常熟人，光绪三十年（1904年）进士，曾任驻日本长崎、神户及朝鲜仁川领事等。1916年，张鸿归隐于常熟燕园，致力于家乡公益事业，历任常熟县立图书馆馆长、私立孝友初级中学校长、中国红十字会常熟分会会长等职。

1932年初，驻沪日军在淞沪地区悍然寻衅，张鸿忧心忡忡，在燕园家中紧急召开县红十字会的领导层会议。

与会者热情高涨，纷纷献计献策。有人提出要尽快将全县的红十字会会员发动起来，成立救护队；也有人说要扩大收容所的规模，分批收置难民；还有人认为充实物资储备是当务之急……

经过积极筹划，常熟红十字会有序展开各项工作。从1932年2月28日到5月15日的两个半月内，常熟红十字会相继建立了6个收容所，收留了来自上海宝山、青浦、大场，嘉定，昆山，太仓的534名难民，并协助常熟地方治疗所收治了263名伤兵，为抗战作出了积极贡献。

任天石夜诊

任天石，江苏常熟人，出身于中医世家，1932年考入位于上海的中国医学院，毕业后在常熟挂牌行医。他秉承家训，以仁术济世。当贫苦百姓前来求医时，他不仅不收诊金，还时常免费为其提供药品。

抗日战争全面爆发后，任天石在行医救济百姓时，深感只有组织群众齐心抗日才能救国救民。他在家乡组建抗日游击队，并在中共常熟县委领导下，成立常熟人民抗日自卫队（简称“民抗”）总部，担任司令员。

一天夜里，警卫员陈祥根匆忙赶来，告诉任天石，一位老乡的孩子腿上生了个毒瘤，疼痛难忍且高烧不退，想请他前去诊治。但是，这位老乡的住处离日伪军的驻扎营地不远，日伪军时常派出部队在营地附近搜查。

然而，任天石没有任何犹豫，他与陈祥根化装成渔民，划着小船前往老乡家，在老乡家的小船上为孩子治疗。老乡感激不尽，称他为为民解除痛苦的“天老爷”。

梅兰芳在开封赈灾义演

作为戏曲界的一代宗师，梅兰芳的义演次数可谓数不胜数。其中，他1934年在河南首府开封的一次赈灾义演，最值得一谈。

1934年7月，河南先后发生水涝与旱灾，“灾情奇重，民不聊生”。为了给受灾最严重的滑县人民捐款，当时的河南省政府主席刘峙派人邀梅兰芳到河南举行赈灾义演。接到邀请后，梅兰芳立即决定在河南义演十天。

等梅兰芳一行抵豫时，刘峙在禹王台宴请了梅剧团的全体艺术家。从第二天起，梅兰芳就在开封的国民大戏院连演三场。而后又追加演出八场，反响都十分强烈。演出的剧目主要有《宇宙锋》《霸王别姬》《四郎探母》《西施》《洛神》《凤还巢》等。演出期间，国民大戏院门前人山人海，人们争着一睹“梅大师”的风采。大戏院一时爆棚，周边省份的票友戏迷们也纷纷拥至开封观剧，致使交通一时拥堵，当局者不得不临时增加客运班次。

梅兰芳为人谦和，虚怀若谷，从不恃才傲物，要“角儿”的派头。他此行开封，严格遵从梨园界“行客拜坐客”的规矩，除了对当地要员、记者的走访作了回拜，对开封演艺界知名人士以及在这次义演中给他做“底包”的戏院艺人们，也都一一回拜。还有些来不及登门拜访的，梅兰芳就借当时的《河南民报》刊登了启事声明，

“敬祈亮察”。据当时的报刊记载，在开封走访回拜时，“梅所到之处，万人空巷围观。每至一家门首，市民隔窗相窥，人头累累然”。梅兰芳的这些举动给河南人民留下极好的印象。

值得一提的是，为了让普通百姓也能看到演出，梅兰芳主动要求头等票以下通通降价，并想办法增加演出场次。这样每场演出长达三四个小时，有两天还加了日场的演出，河南报纸盛赞“梅君为报答各界雅意，不辞艰辛特别卖力”。当时省府官员也纷纷摘下免票徽章，自动购票入场。梅兰芳将最后一场的收入捐赠给当地贫苦演员，其他场的所得收入全部捐献给河南省赈务委员会。义演结束后，河南省赈务委员会赠给梅兰芳剧团缎匾一方，上面绣着“灾民受福，德音孔昭”八个字。

荣德生和千桥会

近代中国著名实业家荣德生是江苏无锡人，他热衷公益，由他出资建造的桥梁不下百座。荣德生一直想在五里湖（又称“蠡湖”）的南北两岸之间建造一座桥梁，以贯通太湖的各个风景区，这样既方便人们游览，也有助于日后滨湖地区的开发利用。1934年农历正月十六是荣德生的六十寿辰，这天他将亲友馈赠的寿礼金捐出建桥。尔后，花甲之年的荣德生亲赴现场勘测、选址，最终在位于无锡西南五里湖的最窄处动工建桥。

这一年，历来雨丰水足的太湖竟然久旱无雨，水位低到了桥下，湖底都见了天，建桥速度也因此大大加快。到当年的农历八月十一，仅用了173天，耗资10万大洋的宝界桥就建成通车了。这时，浙江的钱塘江大桥尚在建设中，宝界桥也就成了当时的“江南第一长桥”。大桥的60个桥孔，则象征着荣德生的六十寿辰。

为了造更多的桥，荣德生还成立了公益组织千桥会。千桥会原则上与地方各承担一半的造桥费用，但实际上，在有些特别贫穷的地方，造桥全由千桥会出资；有时千桥会出钱出料，村民出工；还有一种情况是村民的桥梁修建一半后，便再也无钱续修，千桥会就继续出钱修完，所以当时无锡人有一句俏皮话——“造桥荣老板报销”。

千桥会一直运作到1937年，因为抗日战争全面爆发才被迫中止。在无锡老人口中，一直传颂着荣德生造桥88座的佳话。荣德生热心公益的传统，甚至延续到当代。1994年，当老宝界桥逐渐不能满足交通需要时，已成为香港商界达人的荣德生之孙、荣毅仁之子荣智健又捐资3000万港币，在老桥旁边续建了一座新宝界桥。两座设计风格、外观造型几乎一致的宝界桥，在湖中倒映、交融。

虞洽卿救济难民

1937年八一三事变爆发后，上海出现了大量的伤兵，需要大量的救护资金。虞洽卿得此消息后，立即呼吁各界仁人志士为支持抗战和救助伤兵募捐善款，与此同时，虞洽卿本人也毫不吝啬地积极募捐。

战争造成的另一个问题是难民问题，在日军的不断轰炸下，大量的老百姓纷纷逃到租界避难，租界内一时人满为患。难民的急剧增加导致上海这座“孤岛”的粮食短缺问题日渐严重。为救济难民和解决粮食短缺的问题，1938年10月18日，虞洽卿成立了上海难民救济协会，以“运用全市人民之力量，辅助救济机关之工作，国籍不分内外，但求匡济时艰，于两租界安宁有裨，是人类互助之责任无亏”为协会宗旨。为了使更多的难民得到救济，必须筹备更多的款项。于是，虞洽卿以上海难民救济协会的名义公告各界：“救难如救火，积少可成多，人人行善之机会即人人尽救难之职责，凡我同胞，当能兴襄此举也。”虞洽卿还利用自己的船队，从西贡、仰光运来大米，再由米店大量平粜给上海的难民，以解决这座“孤岛”的粮食短缺问题。虞洽卿在运粮的途中屡次遭到日军的威胁甚至炮火的袭击，但是侵略者的猖狂气焰并没有打消虞洽卿救国救民的信念，反而坚定了他抗击外来侵略者的意志。

虞洽卿在救济难民和运输粮食的同时，还不断地捐献军需物品，支持前线抗战，帮助抗战人员辗转内地等。虞洽卿不仅对支援上海作出了贡献，更对支持内地抗战作出了巨大贡献。

戒非和尚挺身救民众

1937年11月，侵华日军先从常熟东部沿江口岸登陆，向常熟城区进攻，又采取迂回进攻的方式，从常熟西面包抄，与国民党部队在虞山展开了拉锯战。

在虞山顶上的藏海寺外，枪炮声不绝于耳，前来避难的三十多位山民惊恐万分。戒非和尚一边熬粥，一边安慰山民。一旁的静松低声地对师父说："激战已经持续了一个星期，这么多山民，寺里的存粮恐怕支撑不了几天了……"戒非答道："出家人以慈悲为怀，危难之际应挺身而出救国救民。粮食不够，我们就少吃些，再去挖些山芋，熬山芋粥。"

突然，远处传来皮靴踩踏山路的声响。戒非神色凝重，对静松说："你快带大家躲到普同塔后面的房子里，不要出声，这里由我来应付。"不一会儿，一群日本兵凶神恶煞地冲了进来，将戒非围住，逼他说出避难百姓的下落。戒非斥责道："阿弥陀佛！戒德庄严之地，岂能容你们在此撒野！"日本兵怒不可遏，将戒非杀害。

戒非和尚以鲜血之躯，谱写了悲壮的抗日之歌。

沈从文帮助汪曾祺

1944年，汪曾祺从西南联大肄业，此时正值战火不断的多事之秋，他找不到工作，生活也无着落。抗战胜利后，汪曾祺途经香港去上海。此时的汪曾祺落魄到了极点，他手头只有一点儿钱，只能住在破旧的下等公寓，与水手、跑生意的人为伴。为了省钱，他每天吃最便宜的饭菜：大米饭，一碟炒通菜，一碟在开水里焯过的墨斗鱼脚。汪曾祺后来形容自己的这段生活：“全像一根落在泥水里的鸡毛！”

好不容易乘船来到了上海，汪曾祺进一步体会到了生活之艰难和谋职求生之不易。蒋介石反动政权不断挑起事端，成千上万的老百姓因失业而在死亡线上挣扎。物价飞涨，民不聊生。汪曾祺想通过熟人在上海谋一个差事，一连碰了好几个钉子以后，他有点儿后悔离开昆明了。在情绪最坏的时候，汪曾祺甚至想到了自杀。他把自己在上海的遭遇写信告诉了他最信赖的老师沈从文。不曾料想，沈从文回信把他骂了一顿，说：“为了一时的困难，就这样哭哭啼啼的，甚至想到要自杀，真是没出息！你手里有一支笔，怕什么！”接到沈从文的信，汪曾祺既感动又惭愧。

据汪曾祺回忆，他在1946年以前的写的稿子都是沈从文代他寄出去的，投稿的费用就是一大笔钱。沈从文曾亲自写信给李健吾，请他对汪曾祺多多关照。李健吾为汪曾祺找了一家私立中学去做教员。后来，汪曾祺离开上海到了北平，还是老师沈从文帮助汪曾祺在历史博物馆谋了个馆员的差事。对于作家汪曾祺来说，在历史博物馆工作，让他学到了不少历史知识，也增加了他的生活阅历。

文化人的慈悲

大作家沈从文家境贫寒，1922年，他来到北京，住在一家会馆的亭子间里写小说。冬天来临，大雪纷飞，他身上穿着两件夹衣，用旧棉被裹住双腿，双手冻得发肿仍坚持写作。

有一天，郁达夫来看望沈从文，盛赞他的文章，勉励他继续写下去。郁达夫拉还拉着沈从文去“四如春”饭馆好好吃了一顿饭。饭后，郁达夫付了账，并把吃饭找回的三块多钱留给了沈从文。郁达夫走后，沈从文伏在桌子上哭了起来。

沈从文成名后，像郁达夫一样，不遗余力地帮助青年人。他曾经资助卞之琳出了第一本诗集。1947年，诗人柯原的父亲故去，家中欠了一笔债，沈从文用登报卖字的方式来帮助他。沈从文还经常对学生的作品进行细心修改，并寄给相熟的报刊，尽量争取发表。他这辈子为学生寄稿的邮费，是一个相当可观的数字。抗战时期，通货膨胀，邮费也不断上涨。往往寄一封信，信封的正面和反面都得贴满邮票。沈从文总是把稿纸的天头、地脚、页边都裁去，只留一个稿芯，这样重量轻一点儿，就能省一点儿邮费。只要稿子发表了，收到稿费，他全部送给学生。

人们常说“秀才人情半张纸”，其实，有时候文人之间的惺惺相惜，也很令人感动。

喜欢做善事的胡适

胡适是新文化运动的代表人物，他的人品和学识一直为人称道。提到胡适，人们经常会想到“文学家”“惧内”“北大校长”等标签，然而少有人知，他也是一位“善士”。

结婚前，胡适自掏腰包救济友人；结婚后，他的夫人江冬秀也加入做慈善的行列。

林语堂在美国求学期间，奖学金因故停发，他的妻子也因病住院。由于家境不好，林语堂的亲友无力支援，无奈之下，他拍了一封电报给胡适说：“能否由尊兄作保向他人借贷一千美元，待我学成归国偿还。”不久之后，胡适如数给林语堂汇去了一千美元，并附上了一句：“这钱是买人的！”胡适告诉林语堂，这笔钱是北京大学给他的“预支款”，未来是要偿还的。几年之后，林语堂从美国结业，前往德国攻读博士学位，无奈，经济上又遇到了困难，于是，他再次写信向胡适求助，希望能再向北大“预支”一千美元。不久，胡适又给林语堂汇去了一千美元。

获得博士学位后，林语堂谢绝了一切高薪聘请，回到北京大学，准备“还债”。谁料蒋梦麟告诉他，那两千美元与北大无关。这时候，林语堂才知道，那两千美元尽数来自胡适的私人腰包。

胡适结婚以后，将家中财物尽数交给妻子江冬秀打理，要想继续做慈善事业，他必须说服江冬秀。

江冬秀虽是农家出身，但并非蛮不讲理之人。胡适救济挚友，她并不阻挡。

胡适家境殷实，另有很高的稿费与讲学收入，夫妻俩也没有不良喜好。本应富足的日子，在胡适的乐善好施之下，一日三餐连吃肉都要好生计划一番。

尽管如此，胡适还是乐于助人。国学大师陈寅恪右眼失明，经过几番治疗并未达到预期的效果，家中积蓄也所剩无几。胡适知道后，立即请人去银行办理了一张一千美元的汇票，托人带给陈寅恪。

1946年，胡适出任北大校长，他听说陈寅恪在冬天没钱买煤炭生火，就又送去了一大笔钱。

20世纪中叶，胡适在普林斯顿大学任东方图书馆馆长，年薪是五千二百美元，看似风光，实则是个资料管理员。这时候的胡适，经济压力与精神压力都极大。从前乐善好施，未曾给家中留些积蓄，而如今到处都需要花钱。

1962年，胡适去世，妻子江冬秀整理他的遗产时发现，胡适除了那些藏书，别无长物。

为战友守墓一辈子

1969年8月15日，位于中苏边境的黑龙江省逊克县连降暴雨，境内的逊别拉河突发洪水，堆放在河边的国防物资电线杆被冲到洪水中。当时，来自上海的插队知青金训华和陈健一起跳进了洪水中，奋力抢救国家财产。

在生与死的瞬间，金训华在洪水中托了陈健一把，年仅20岁的金训华壮烈牺牲，比他小一岁的陈健活了下来。从那时起，因为感恩，因为内疚，也因为那份知青战友情，陈健在自己心里暗暗许下一个承诺，他要在那片黑土地上为金训华守墓一辈子。

一晃几十年过去了，当年的上海知青纷纷返城，只有陈健放弃了比较好的工作条件，仍然守候在金训华的墓旁。陈健每年都要到金训华的坟前，为他扫扫墓，说说心里话。陈健当过农民、建筑工人、门卫和林业检查员，直到退休，他的生活都很清贫。幸运的是，他的妻子晁亚珍一直理解并陪伴着他，和他一起守候着那位长眠于地下的烈士。

慈善

第五辑

- 慈善是高尚人格的真实标记。——莎士比亚
- 对于我来说，生命的意义在于设身处地替人着想，忧他人之忧，乐他人之乐。——爱因斯坦

萨波达割肉饲鹰

佛祖释迦牟尼的前世之一是一位国王，名叫萨波达。萨波达心地善良，帝释天（佛教神灵）听说他的慈惠，就让一位王将变成一只鸽子，自己变成一只饿鹰去考验他。

他们二人到达凡间后，便追赶着飞到萨波达面前。鸽子向萨波达呼救说，一只饿鹰在追它，要将它吃掉，恳求萨波达救它一命。萨波达慈悲为怀，决定救助鸽子，便对追赶过来的饿鹰说："你不要吃这只鸽子，我答应了要救它。"饿鹰说："这只鸽子是我的食物，你不让我吃它，就是要将我饿死。"萨波达说："请你告诉我，怎样才能放过这只鸽子？"饿鹰说："如果国王慈惠众生，那就从自己的身上割下一块与鸽子重量相等的肉给我吃吧。"萨波达便在自己的身上割肉，把全身的肉都割下来了，重量还是不够，他就命令身边的人将自己杀死，把骨髓也加上去，只为救鸽子一命。

帝释天看到萨波达的确很善良，就恢复了本身，饿鹰和鸽子消失了，萨波达的身体也恢复如初。

鹦鹉救火

从前，有一只鹦鹉，它飞到一片山林里，受到了许多动物的款待。几个月后，这片山林着火了，动物们都被困在火中。鹦鹉从远处望见了这片大火，便立即飞到河中沾湿羽毛，再飞到这片山林的上空，抖落翅膀上的水珠，试图救火。

天神看到鹦鹉不停地往返于河流和山林之间，累得气喘吁吁，便对它说："你太傻了，山火绵延几千里，你羽毛上的那点儿水根本救不了火。"鹦鹉回答："我知道这是杯水车薪，但是我曾受到这些动物的款待，它们对我十分友好，我不能看着它们受难而不管。"

天神被鹦鹉感动了，就降了一场大雨把这片大火扑灭了。

黄雀报恩

《搜神记》中记载了一则黄雀报恩的故事。汉代弘农郡有一个叫杨宝的人，他九岁时在华阴山北边看见一只黄雀被鸱鸮击伤后坠落在树下，一群蚂蚁将受伤的黄雀围困起来。杨宝怜悯黄雀，就把它带回了家，放置在一个小木箱里，每天用菊花来喂养它。过了一百多天，黄雀的伤养好了，羽毛也长全了，它每天早上飞出去，晚上又飞回来。

有一天晚上，夜过三更，杨宝梦到一个身穿黄衣服的少年向他再三行礼，这个少年对杨宝说："我本是西王母的使者，奉命出使蓬莱，不小心被鸱鸮击伤。承蒙您怜爱救助，非常感谢您的大恩大德。"说完，黄衣少年送给杨宝四枚白玉环，并说："我会努力让恩公您的子孙品德高洁，官至三公，就像这些玉环一样。"待杨宝收下后，黄衣少年便化身为黄雀飞走了。

阴子方三代积善

《搜神记》中有一个劝善的故事，叫作《阴子方祀灶》。

汉宣帝时期，南阳有个叫阴子方的人，阴子方非常孝顺，平日里乐善好施，其善举一直被邻里街坊称赞。

在民间传说中，灶神负责监督家庭成员善恶，并定期向天帝汇报。阴子方特别重视祭祀灶神。他腊日早晨做饭时，灶神忽然现形，阴子方再三拜谢庆贺。他家里有一只黄羊，他就拿黄羊祭祀灶神。此后，阴家人丁兴旺，阴子方也逐渐变得富有，不仅有田地七百多顷，就连车马奴仆的数量都能比得上地方诸侯。

阴子方常说："我的子孙必定会兴旺发达。"果然，到了第三代阴识的时候，阴家就已经繁荣昌盛了。阴识是汉光武帝皇后的亲兄长，阴家共有四人被封侯，家族中有几十个人做到郡守之位。

董昭之和蚁王

《搜神记》中记载了一个故事，吴地富阳县人董昭之曾乘船过钱塘江，到江中间时，看见有一只蚂蚁在一根短芦苇秆上来来回回地爬。董昭之说：“它是害怕被淹死啊。”便想把这只蚂蚁拿到船上来。

船上的人骂道：“这是咬人的毒虫，不能救它，我们应当踩死它。”董昭之可怜这只蚂蚁，于是用绳子把芦苇系在船边上。

船到岸后，蚂蚁也爬上了岸。那天夜里，董昭之梦到一个人身穿黑衣，带着一百多人来感谢他。黑衣人说：“我是蚁王，不小心落入江中，感谢您救活我，如果您遇到难事一定要告诉我。”

十多年以后，有一次，董昭之被错判为强盗，关押在余杭的监狱里。这时他想起了当年的梦，当他念叨这件事时，一同被关押的人问他怎么回事，董昭之便告之实情。那个人说：“只需要拿两三只蚂蚁，放在手掌中，把事情说给它们听就可以了。”董昭之按照他说的做了，夜里果然梦见了黑衣人。黑衣人说：“天下已大乱，您赶快逃到余杭山里，赦令不久就到。”董昭之醒后发现自己的枷锁已被蚂蚁咬坏，于是他逃出监狱并渡江逃到山里。过了一段时间，天下大赦，他也得以免罪。

杨伯雍种玉

《杨伯雍种玉》为《搜神记》中的一则短篇故事。

杨伯雍是洛阳人，以替人介绍买卖为生。杨伯雍非常孝顺，他的父母过世后，他将父母埋葬在无终山，他在山上结庐守孝。无终山山势陡峭，山上没有水，杨伯雍就去山下打水，并在山坡上给行人免费供应茶水。

三年后，有一个人来喝水，临走前给了他一斗石子，并嘱咐他选择一处种下石子，还说："玉会从里面长出来。"杨伯雍依言种下了石子，后来他竟真的看到有小玉石从石头上长出来，此事除了他无人知晓。

当时有一户徐姓人家，徐家是名门望族，他家的女儿很有德行但始终无婚配。杨伯雍试着去徐家求婚，徐家笑他狂妄并戏弄他说："如果你拿得出一对白玉璧，就答应你的求婚。"于是，杨伯雍赶回玉田，取回了五对白玉璧作为聘礼。徐家人大吃一惊，于是将女儿嫁给了他。

当时的天子听说了这件事，感到很惊异，就任命杨伯雍为大夫，在他种玉之地的四角立起了大石柱，并将中间的那一顷地命名为"玉田"。

沈老婆子和罗山道人的故事

《夷坚志》中有这样一个故事，宋代信阳军下属的罗山县是一个偏僻荒凉的小地方，有一位沈老婆子在街上开了一间杂货店，收益很微薄。

三月三日，一位道士登门讨饭吃。沈老婆子说："家里没有像样的饭菜，请稍等一会儿，我这就磨点儿面粉给您做。"

道士坐下来等了一会儿，吃了沈老婆子做的面和饭后，感谢道："我与您非亲非故，承蒙您关心，无以为报，我有酿酒的秘方，想把它送给您。如果您家里有认识字的人，就让他跟我去采药。"沈老婆子说："我的女婿王甲认识几个字。"道士就带着王甲去采药，采的不过是苍耳、马蓼、青蒿之类的草药，一共12种，都很容易找到。

回到小店，道士让王甲写下秘方，又让他缝制一个布袋把秘方储存好，同时告诫他："要保存好这个方子，不要传给任何人，传出去就不灵了。今天采的草药，可供一年之用。遇到酒要变质的情况，放一些草药进去，酒就会变得美味可口。这个方子可以保证老人家一辈子衣食无忧，算是我的一点儿心意。"

有一位姓刘的武官，家里酿了几十坛酒，全都变了质。有人说王甲有办法，他就请了王甲来。

王甲来了以后，悄悄地把草药放在了酒里。不一会儿，几十坛酒都变成了清香扑鼻的美酒，姓刘的武官很高兴，给了王甲一大笔钱。

沈老婆子家藏有此药方，没有酒时，就到小酒店里买一些普通的酒，再放一点儿草药进去，寻常的酒就变成了甘醇的好酒。

沈老婆子去世后不久，王甲也去世了，这个药方就失传了。

佛面刮金

荣西禅师是日本的一位得道高僧。

有一年大旱，粮食颗粒无收，百姓流离失所。一个穷人向荣西禅师乞求："我家已经连续几天无米下锅了，家中的父母和孩子都要饿死了。师父慈悲，救救我的父母和孩子吧。"荣西禅师心地十分善良，不忍心让这一家人饿死，但是当时寺庙里也没有粮食了，这让他实在为难。

荣西禅师想了想，让人搬来了梯子。他攀着梯子爬到了佛像上，用刀将佛像脸上的金箔刮了下来，并将这些金箔交给了那个穷人，让他拿回去换些食物以救他全家人的性命。这个穷人心存不忍，寺院里的其他僧人也都说荣西禅师这是冒犯佛祖。

荣西禅师却说："我佛慈悲，曾舍身饲虎，割肉贸鸽，何况佛像上的一点儿金箔。就是把整个佛身送给百姓，想必我佛也是愿意的。即便冒犯了佛祖，要下地狱，我也在所不辞。"

慈悲救人的智真长老

《水浒传》中有一位智真长老。书中说他能知过去未来之事，曾经为鲁智深、宋江预测前程，且都很准确。这说明他确有佛法修为，不是浪得虚名，和公孙胜的师父罗真人有一拼。

智真长老是一位阅世极深的高僧，对于世态人情有着极深的领悟和悲悯之情。赵员外带着鲁达上山，智真长老对赵员外说："施主远出不易。"五台山宋江参禅，智真长老对鲁智深说："徒弟一去数年，杀人放火不易。"智真长老给宋江的偈言是"六根束缚多年，四大牵缠已久。堪嗟石火光中，翻了几个筋斗。咦！阎浮世界诸众生，泥沙堆里频哮吼"。这些话或看似平易，或暗藏玄机，但都包含着对人生不易的深切同情。远出不易，杀人放火不易，终年征战也不易，人生之命运可悲可叹。尤以"杀人放火不易"一语值得品味，有同情、讥讽、无奈甚至赞叹，难怪鲁智深听了默默无言。

智真长老对鲁智深上山一事的处理，让我们看到了高僧的慧眼和慈悲心。鲁达进寺为僧时，智真长老显然已知他出家的因由，依然对他优礼殊厚，连法名也亲替他取为"智深"，智真长老给他起的法名竟然是师兄弟的排行，可见长老对其极为尊重。智深第一次大闹佛寺后，智真长老一面严斥他，一面"留在方丈里，安排早饭与他吃”。智深酗酒闹事，破坏佛门清规，智真长老因势利导说：“自古天子尚且避醉汉，何况老僧乎？”待智深情绪平静下来，再来做思想政治工作。智真长老在坚持佛门清规的原则性的同时，显示出爱护和敬重落难英雄、用诚心感化刚直之士的仁厚心地和博大胸怀。

水浒时代的好太公

《水浒传》中写了不少太公，其中有一位被称为史太公。他是九纹龙史进的父亲，堪称大宋好人。史太公生长于楔子中所说的三登之世，那个时候社会秩序安定，人民生活富足，因而老百姓大多属于盛世之民。他们知书明理，安土重迁，对人有同情心。

东京八十万禁军教头王进因为不堪高俅的迫害，带着老母亲逃奔边关，途经史家村。当时天色已晚，王进母子错过了住宿旅店的机会，来到史家村求宿。王进怀着忐忑不安的心情求助，并表示愿意缴纳住宿费。

史太公马上说："不妨。如今世上人，那个顶着房子走哩？"接着，史太公让庄客准备住处，同时安排酒食招待王进母子，还让庄客把王进母亲骑的驴子牵到后槽喂养。

第二天一大早，史太公得知王进母亲夜里心绞痛发作，马上说："客人休要烦恼，教你老母且在老夫庄上住几日，我有个医心疼的方，叫庄客去县里撮药来与你老母亲吃，叫她慢慢地将息。"

此后，王进母子一直在史家庄又吃又住了很多天。最后，王进过意不去，把一身好武艺传给了史太公的儿子九纹龙史进。

从史太公招待王进母子的故事中，我们可以看出，虽然水浒时代的上层社会已经腐朽，人与人之间充满了猜忌和提防，但在远离大都市的乡土社会还是古风犹存的。史太公对王进母子无微不至的关怀，正是民间寻常百姓人性淳厚的一种体现。

喜欢救人的邓飞

火眼狻猊邓飞在梁山好汉中排名第四十九位，在石碣天文上的星宿名是地阖星。邓飞是盖天军襄阳府人氏，因双眼红赤，人称“火眼狻猊”。明代《吹景集》记载，火眼狻猊是一种怪兽，有一个头，两个身子，两只尾巴，八只脚，耳朵和尾巴有些像猪，头像老虎，毛像兔子，尾巴的细毛又有点儿像人的头发，头宽大约有六寸，身长大约是头宽的两倍。此兽出世，必有战乱。

邓飞最初也是军方人士，虽然有一身本事，但是在军中却郁郁不得志。他因运送花石纲受提调官欺压，一怒之下杀了提调官，选择了江湖生活，后与孟康在风景秀丽的饮马川纠结了一帮人，占山为王，从此既不劳心，也不劳力，过起了逍遥自在的日子。

杨林和戴宗路过饮马川时，被邓飞和孟康截劫，但杨林认出打劫者是旧相识邓飞，便将邓飞和饮马川的好汉都招上梁山去了。

在地煞星中，邓飞是一位比较讲义气的好汉。他给读者的印象是经常在救人。饮马川的老大裴宣就是在刺配途中，被邓飞救下的。邓飞救了裴宣之后，还把老大的位置让给了他，其胸怀格局不是王伦之类穷酸文人所能比的。

打祝家庄时，欧鹏被栾廷玉一锤打下马，拼死救人的就是邓飞。曾头市之战，霹雳火秦明大战史文恭，后股上挨了一枪，若不是吕方、郭盛、马麟、邓飞四将拼命抢出，他定会死在史文恭手中。

救人是个危险的活儿，特别是对于邓飞这种本事不大的地煞星来说，搞不好就把自己搭进去了。征方腊时，邓飞随卢俊义攻陷杭州独松关后，再进军城北，邓飞为救“急先锋”索超而被南军石宝一刀杀死。

《水浒传》是一本讲兄弟义气的书，其中真正讲义气的好汉并不多。天罡星里最突出的是鲁智深，为了救人亡命江湖。地煞星比较突出的要数邓飞，为了救人丢了性命。人固有一死，邓飞为救兄弟而死，重于泰山。

义气深重的顾大嫂

梁山好汉中有三对夫妻，孙新和顾大嫂是其中的一对。

夫妇俩以开酒店为生，酒店规模比孙二娘的黑店要大一点儿，盈利主要靠赌博。

在梁山好汉中，顾大嫂是最讲义气的好汉之一，与鲁智深、朱仝有一比。解宝兄弟被毛太公陷害入狱，首先想到的就是顾大嫂。看守乐和找到了顾大嫂，顾大嫂毫不犹豫，决定劫狱。智勇双全的顾大嫂把握住几个关键环节，整个劫狱行动如行云流水，一气呵成。特别是在逼迫登州兵马提辖孙立参加劫狱时，顾大嫂软硬兼施，盯着孙立让他当场表态。孙立是朝廷军官，不愿意知法犯法。顾大嫂道："既是伯伯不肯，我今日便和伯伯拼个你死我活！"说着她便掣出两把钢刀来，吓得孙提辖心惊胆战，叹了一口气，说道："你众人既是如此行了，我怎地推却得开，不成日后倒要替你们吃官司。罢！罢！罢！都做一处商议了行！"孙立不得不上贼船，足见顾大嫂当机立断的豪情。至于救人以后投梁山泊，也是顾大嫂的主意。她发狠道："有一个不去的我便乱枪戳死他！"

在救解氏兄弟的过程中，孙新也发挥了作用，他联络到登云山的邹渊、邹润两位好汉，带着手下喽啰一起参加劫狱。这些登州好汉一起上山，成为梁山的一个重要山头，顾大嫂是他们的主心骨。

上山以后，顾大嫂夫妇被安排在情报战线，先是负责西山酒店，三山聚义后又改为南山酒店。智取大名府时，顾大嫂夫妇与孙二娘夫妇、扈三娘夫妇扮作乡下夫妻，以看灯为名，混入北京城中为内应。

攻打东平府时，顾大嫂扮作贫婆，以给旧主人送饭为名，混入死囚牢，向陷在牢中的史进传递消息。东平府救史进，顾大嫂冒着生命危险，与鲁智深华州救史进有一比，只不过顾大嫂更为机智，没有出事。

梁山受招安后，顾大嫂随宋江南征北战，颇有战功。征讨方腊时，顾大嫂夫妇扮作逃难百姓，在独松关下山间寻到一条小路，而后引着李立、汤隆、时迁、白胜，从小路摸上独松关，放火惊走贼军，并活擒守将吴升。

战事结束后，孙新、顾大嫂夫妇是三对夫妻好汉中唯一幸存的一对。孙新被封为武奕郎，顾大嫂被封为东源县君，后与孙立、孙新返回登州。

仙崖禅师和他贪玩的徒弟

在仙崖禅师的寺院中，有一个贪玩的徒弟。他耐不住寺院的寂寞，常常在傍晚时分趁着禅师不注意偷偷地翻墙溜出去玩，等到天快亮的时候再悄无声息地溜回来。

一天傍晚，这个徒弟又在后院的高墙下架起了一张高脚凳，翻墙溜了出去。仙崖禅师夜里巡寺时，忽然发现了墙角边的凳子，他知道肯定有人违规翻墙出去闲逛了。但禅师并未动怒，而是顺手将凳子搬到一边，就地而蹲，等待溜出去的人归来。

夜深人静的时候，那位徒弟尽兴归来，不知道墙下的凳子已被搬走，在黑暗中一跨脚就踩着禅师的脊背跳进了院子。当他双脚落地的时候，才发现刚才自己踩的不是凳子，而是自己的师父。徒弟顿时又惊又慌，连大气都不敢喘一口，呆呆地站着不知如何是好。令徒弟没有想到的是，师父竟毫无怒意，反而关心地说："夜深天凉，快去多穿一件衣服。"在黑夜中，完全看不见徒弟羞红的脸色，只有无数星星在墨蓝的夜空中闪着晶莹的光芒，那光芒犹如禅师的慈心。

一天天过去了，师父再没有提起过这件事。徒弟这才渐渐恢复了内心的平静，并为此感到自责。从此，夜晚的禅院墙边再也不见凳子的踪影，徒弟一心一意跟随师父学习本领，最终成为深有造诣的高僧。

大辩不言的白隐禅师

日本的白隐禅师是一位修行有道的高僧。有一对夫妇在白隐禅师住处附近开了一家店铺，他们有一个漂亮的女儿。无意间，夫妇俩发现女儿的肚子无缘无故地大了起来。这种见不得人的事，让女孩的父母震怒！在父母的一再逼问下，她终于吞吞吐吐地说出“白隐”两个字。

这对夫妻怒不可遏地去找白隐禅师理论，白隐禅师听完对方的辱骂，只淡然地回应道：“就是这样吗？”可是这件事情并没有结束，等到他们女儿肚中的孩子出生后，夫妇俩竟毫不犹豫地将婴儿送给了白隐禅师。“一位出家的和尚，竟与民女通奸，还生了孩子，出的是哪门子的家”，街谈巷议不绝于耳。

尽管白隐禅师名誉扫地，但他并不介意。他没有任何辩解，只是认真、细心地照顾着孩子。他向邻居乞来喂养婴儿的奶水，买来了婴儿用品。虽然横遭白眼，但他总是泰然处之，仿佛他是受人之托抚养别人的孩子一般。他只想让那个孩子一天天健康、快乐地成长。

一年后，那对夫妇的女儿终于不忍心再欺瞒下去了，她老老实实地向父母吐露实情：“孩子的生父是在鱼市上工作的一名青年。”于是，那对夫妇羞愧万分地向白隐禅师赔礼道歉，并抱回了孩子。白隐禅师仍然淡然如水，在交回孩子时只是轻轻地说道：“就是这样吗？”

一村菊香

山中有座寺院，有一位禅师，在院子里种了一株菊花。到了第三年的秋天，院子变成了菊花园，花香一直传到了山下的村子里。

山下的村民们闻香而来，赞叹不绝。一天，有人开口向禅师讨要几株菊花种在自家庭院里，禅师欣然应允。他亲自动手挑选了开得最鲜艳、枝叶最粗壮的几株菊花，挖出根须，送到了别人家里。消息很快传开了，前来要花的人接连不断，禅师也都会赠予菊花。没过多长时间，禅师院子里的菊花就被送得一干二净。

没有了菊花的院子黯然失色，弟子们看到满院子的凄凉后，对着禅师感慨道："真可惜！这里本应该是满院香味的，现在一株菊花也没有了。"禅师笑了笑，对弟子说道："这样岂不是更好？三年后一村菊香！""一村菊香！"弟子们心头一热，眼前浮现出一村菊花盛开的美好景象。

罗刹女变成鬼子母

在佛教典籍记载中，罗刹女是食人肉的恶鬼，专门喜欢吃人家的小孩。失去孩子的父母悲痛不已，纷纷向佛陀求救。佛陀为了解救无辜孩子的性命，想出一个办法来教化吃人的罗刹女。

佛陀知道罗刹女有十二个孩子，且她最疼爱的是小儿子，便运用神通将她的小儿子藏在钵中。当罗刹女知道她最疼爱的孩子被人带走时，焦灼地跑到佛陀的精舍向他兴师问罪。佛陀说："你有十二个儿女，失去一个有什么关系呢？你吃掉人家无数的儿女，今天你的孩子要替你偿命。"罗刹女一听，匍匐在地，声泪俱下地说："慈悲的佛陀，我虽然有十二个儿女，可是每一个孩子都是唯一的，就像十指连心，少了一根，都会令我伤痛，一人做事一人担，您不要把我的儿子给村民，他才三岁，不能承受任何的伤害呀！"

佛陀敛目，正色地告诫她："你有十二个儿女，失去一个就痛不欲生，你四处抢夺吞噬人家的儿女，可曾顾念过他们父母的感受？可曾怜惜过弱小的孩子？你这么自私，应该得到惩罚！"佛陀运用神通，让钵中的小孩传出哭喊的声音。罗刹女听闻孩子的号哭，心如刀割，向佛陀忏悔："我今后不再伤害别人的儿女，只是我的生活该怎么办呢？"佛陀说："你放心，日后我会嘱咐我的弟子，在吃饭的时候，取几粒米，施以法力，供养你们，让你们不再受饥饿之苦。”

从此，吃人的罗刹女变成保护天下儿女的母亲，名为“鬼子母”。

送他一轮明月

一天夜里，一位在山中修行的禅师趁着皎洁的月光，在林间的小路上散步。当禅师回到自己住的茅屋时，正巧碰上了一个小偷。禅师怕惊动小偷，就一直站在门口等候他。

小偷找不到值钱的东西，准备离去时，撞见了禅师。在小偷正感到惊慌的时候，禅师说："你走了老远的山路来探望我，我总不能让你空手而回呀！"禅师脱下了身上的外衣，说道："夜里凉，你带着这件衣服走吧。"

说完，禅师就把衣服披在了小偷身上，小偷不知所措，低着头溜走了。

禅师看着小偷的背影，感慨地说："可怜的人呀，但愿我能送你一轮明月！"

第二天，暖阳高照，禅师睁开眼睛，推开门，看到昨晚披在小偷身上的那件外衣被整齐地叠放在门口。禅师非常高兴，喃喃地说道："我终于送了他一轮明月。"

雁王报恩

从前，波罗奈城的一个池塘里住着一只名叫治国的雁王，它统管着五百只大雁。一天，一个猎人在池塘附近布下陷阱，雁王觅食时，一不小心陷入网中。治国本能地喊着“救命”，它想通知大雁们离开这个危险的地方。大雁们听到喊声，慌乱地向远处飞去。只有一只大雁留了下来，这只大雁叫苏摩。

雁王知道自己的死期到了，便要苏摩接替自己的位置，从而把大雁们带到安全的地方去。苏摩坚决地回答道：“我不会走，你是我们的首领，平时对我们那么好，我就是跟你一起死，也不会在你危难的时候离开你。”过了一会儿，猎人前来巡视捕获的猎物。苏摩着急地对猎人说：“如果你非要吃一只大雁，你就吃掉我吧，我的肉比雁王的肉还鲜嫩。请你放了雁王吧，我愿意替他去死。”猎人既感动又惭愧，于是放了雁王，也没有让苏摩来代替。

这时，两只大雁迟迟不肯离去。它们商量着要报答猎人。猎人既欣慰又好笑：“你们只是鸟类，而我是人，你们如何来报答我呢？”

两只大雁带着猎人一起来到了王宫，因为国王和雁王有些交情，雁王便拜托国王替它报恩。当国王听说猎人抓住两只大雁，却不杀害它们的善行后，十分感动，赐给了猎人许多金银财宝。猎人得到宝物后，感念雁王知恩图报之心，不但将宝物布施给穷人，还发誓从此不再打猎。

盘圭禅师教化学僧

盘圭永琢禅师是日本临济宗的得道高僧。他除了修禅，还以慈悲心来教化弟子，很多误入迷途的人都因他的感化而获得了新生。因此，他深受民众敬仰，每逢他主持禅修之时，全国各地的僧人都慕名前来参学。

有个外地来的学僧有偷窃的坏毛病，有次禅修会，盘圭正在讲禅，忽然人群中一阵骚动，原来是这个学僧行窃时被值日的僧人当场抓获。禅僧们纷纷要求盘圭禅师严惩那个学僧。但是盘圭仁慈，力排众议，决定给这位学生一个改过自新的机会，留下他继续参加禅修。

不料，这位学生却不珍惜机会，没过多久，竟然再度偷窃，又被抓获。众学僧忍无可忍，为了寺院的名声，他们一致认为要把那个偷窃的学僧赶出去。如果盘圭禅师一意孤行，他们就集体离开。盘圭禅师不急不躁地对大家说："和这位小兄弟相比，你们都是富有智慧的师兄。你们之所以能严守戒律，是因为你们明白怎样是对的，怎样是错的。因此，就算你们离开我这里，任何寺院都会欢迎你们，你们在任何地方都能学佛参禅。而这位有恶习的小兄弟，连是非都不能分辨，如果我不教他，谁肯教他呢？"

众学僧听后，所有的不满都消散了，心中只剩下对盘圭禅师的尊敬。而那个偷窃成癖的学僧也早已感动得热泪盈眶，从此洗心革面，痛改前非。

让强盗说“谢谢”的禅师

七里禅师是一位德高望重的高僧，他修行多年，深受人们的爱戴。

一天，七里禅师正在佛堂打坐，一个强盗突然闯了进来，用又明又亮的刀子抵着他的脊背，恶狠狠地说：“把柜里的钱全部拿出来！不然，就要你的老命！”七里禅师说：“钱在抽屉里，你自己拿吧，但要给我留点儿，因为已经没米了。你要是把钱都拿走了，我就没法买米了。”那个强盗拿走了所有的钱，在临出门的时候，七里禅师却把他叫住说：“收到人家的东西，应该说声谢谢啊！”强盗愣了一下，他从没遇到过这样的事情，哪有让强盗说谢谢的。他心里十分慌乱，于是，他掏出了一些钱放回了抽屉里。他道了声“谢谢”，便头也不回地跑远了。

没过多久，这个强盗就被捕了。根据他的供词，衙差把他押到七里禅师面前，问：“多日之前，这个强盗来这里抢过钱吗？”七里禅师说：“他没有抢我的钱，是我自愿给他的。他临走时还说了声‘谢谢’。”

强盗听了既惭愧又感动，在服刑期满之后，他立刻前来叩见七里禅师，感激禅师的宽容并真诚地恳求禅师收他为徒。

知恩图报的鹅

一天，一位比丘（佛的弟子）来到一家珠宝店乞食。珠宝师正在为国王穿一串很名贵的宝珠，见有人乞食，就放下手里的珠串，转身去拿食物。这时，比丘身上的金色袈裟映入宝珠，宝珠显出橘红色，很像一块肉，珠宝师家里的鹅就把这颗宝珠吞食了下去。

珠宝师取饭出来，发现少了一颗宝珠，很生气。他怀疑是比丘偷拿了宝珠，便质问他。比丘知道是鹅吞了珠子，但若把实情告诉珠宝师，鹅就会被杀死，所以不忍明言，沉默以对。珠宝师见他不说话，就更认定宝珠是他所偷，于是对比丘棍棒相加。那只鹅很有灵性，知道比丘为了救它而挨打，竟用嘴巴去舔比丘伤口上的血。珠宝师迁怒于鹅，一棍把鹅打死了。比丘见鹅被打死，流下了怜悯的眼泪。珠宝师问他原因，他这才把事情的经过告诉了珠宝师。珠宝师当即向比丘道歉、忏悔。

百鸟朝凤

传说在很久以前，鸟儿们一同生活在一个大森林里。他们吃饱以后，有的唱歌，有的跳舞，还有的追逐游戏，玩得非常开心，每天都过得无忧无虑。

有一只很不起眼的小鸟，名叫凤凰。它不像其他鸟儿那样吃饱了就玩，而是从早到晚采集果实。它还把其他鸟儿扔掉的果子，一颗一颗地捡起来，收藏在山洞里。能说的喜鹊讥笑它是个财迷，聪明的乌鸦觉得它是个傻瓜。虽然凤凰受到冷嘲热讽，但是它既不生气也不回应，还是照常做着群鸟瞧不起的工作。

灾荒来了，草枯了，树叶子长不出来了。鸟儿们找不到食物，饿得头昏眼花，森林里一片哭泣声。这时，凤凰急忙打开山洞，把自己存了多年的食物分给百鸟，帮助大家渡过了难关。

百鸟为了感谢凤凰的救命之恩，各自从身上选了一根最漂亮的羽毛，做成了一件绚丽多彩的百鸟衣，献给了凤凰。从此，凤凰变成了最美丽的鸟儿，大家一致推选它做百鸟之王。每逢凤凰生日之时，四面八方的鸟儿都会飞来向它表示祝贺，这就是“百鸟朝凤”。

慈悲的故事

一位和尚上山砍柴归来时，发现一个少年捕到一只蝴蝶并将其捂在手中。少年看到和尚说："和尚，我们打个赌怎么样？"和尚问："如何赌？"少年说："你说我手中的蝴蝶是死的还是活的？如果说错了，你的那担柴就归我了。"

和尚同意，于是猜到："你手上的蝴蝶是死的。"少年哈哈大笑，说："你说错了。"说完就把手张开，蝴蝶从他手里飞走了。和尚说："好！这担柴归你了。"说完，和尚放下柴，开心地走了。

少年高高兴兴地把柴挑回了家。父亲问起这担柴的由来，少年如实讲了。父亲听完，怒道："你啊你！好糊涂啊！你真以为自己赢了吗？我看你是输也不知道怎么输的呀！"少年一头雾水。父亲命令少年担起那担柴，父子二人一起将柴送回了寺院。

少年的父亲见了那个和尚，说道："师父，我家孩子得罪了您，请您原谅。"和尚点点头，微笑不语。

在回家的路上，少年说出了心中的疑问。父亲叹了口气，说道："那位师父说蝴蝶死了，你才会放了蝴蝶，赢得一担柴；师父若说蝴蝶活着，你便会捏死蝴蝶，也能赢得一担柴。你以为师父不知道你的算盘吗？人家输的是一担柴，而赢的是慈悲之心啊！"

知恩图报的刘姥姥

刘姥姥一进荣国府，给读者的印象是一个可怜的乞讨者。为了女婿、女儿的生计，这么大年纪的老人，到贾府来“打秋风”，对王熙凤说，“您拔一根毫毛，比我们的腰还粗”，令人同情。

刘姥姥二进荣国府，跟贾母聊天中所体现的智慧，给人们带来了不少欢声笑语。

刘姥姥三进荣国府时，贾府已经被抄家，亲戚避之唯恐不及。刘姥姥听说贾府被抄，着实忧心，“几乎唬杀了”。得知贾母去世的消息，刘姥姥一边干农活，一边在地里狠狠地哭了一场，次日天没亮就赶着进城来了。探望过凤姐，不及饮茶，先急着叫人带了去“哭哭老太太”。其时，凤姐已经病重，遂把巧姐托付给了刘姥姥。

续书中，邢大舅、王仁、贾环等一干“狠舅奸兄”及邢夫人趁贾琏不在家，合谋要把巧姐卖给一个外藩王爷。平儿和王夫人无计可施，心急如焚。这时刘姥姥忽然到来，把巧姐救走了。东观阁批曰：“南无救苦救难观世音菩萨！好了，好了！”小百姓干预贵族家务事是有生命危险的，刘姥姥敢这么做，体现了真正的侠义精神，难能可贵。

曹公在第五回关于巧姐的判词中说：“势败休云贵，家亡莫论亲。偶因济刘氏，巧得遇恩人。”王熙凤这辈子做的好事不多，救济刘姥姥可能在她看来是小事，却恰恰是这件事所种下的因，救了她女儿。目前已经公布了的《癸酉本石头记》写道：贾府败落后，刘姥姥去探问情况，得知巧姐已被王仁卖入妓院。刘姥姥带着村上的人到城里赎出了巧姐，又到贾氏宗祠哭了贾母和凤姐一回，最后带着惜春画的那幅大观园图，回到了乡下。巧姐也投奔到了王家，成为纺纱织布的村妇。

巧取豪夺终败家

《阅微草堂笔记》是清代文豪纪晓岚写的一部文言小说集。书中谈狐说鬼，非常有趣，其中有这样一个劝善的故事。

献县县衙有一个小吏王某，精通刑律，经常利用职务之便巧取当事人的钱财。可是每当他有点儿积蓄时，必定会发生一件意外的事情将这些不该得的钱财耗去。

城隍庙里有个道童，一天夜晚，他在庙里行走，忽然看见两个鬼吏拿着账簿核算账目。其中一个鬼吏说：“县衙小吏王某今年的积蓄比较多，该用什么办法给他消耗掉呢？”说完便低头沉思。这时只听另一个鬼吏说道：“给他一个‘翠云’就够了，用不着费太多周折。”据说人们在城隍庙里常常遇鬼，所以道童看到两个鬼吏核账并不害怕，只是不知道翠云是谁。

时隔不久，有一位名叫翠云的小妓女来到县城。县吏王某特别宠爱她，在她身上耗费了自己的八九成积蓄。之后他突然染上了恶疮，看病吃药花费了许多钱财。等到病疮痊愈，王某所有的积蓄都花光了。有人对王某平生巧取豪夺的钱财作过估计，有三四万两银子。后来，王某得了一场暴病，突然死去，竟然连买棺材的钱都没有。

孙公铺的传说

南通海安有个地方叫作孙公铺，位于城东镇通扬河二十里墩与二十五里墩之间。抗战前，孙公铺是个小集镇。集镇紧邻通扬河畔，南北长约300多米，开有店铺20多家，鲜肉店、豆腐店、烧饼店、杂货店、香店、药店、茶馆、油坊、木行、竹行、石炭店以及运输码头等，样样俱全。

据《如皋县志》记载，孙公是清朝如皋人，以种田为生。孙公之妻蒋媪开设客店，兼卖茶水熟食，服务周到。夫妇二人都吃斋，数十年如一日。他们平时生活俭朴，把节省下来的钱，一点儿一点儿地聚集起来，置买田地。年深日久，好不容易购置到300多亩地，夫妇二人竟把它全部捐给如皋灵威观，作为灵威观育德堂的赈济资金。好人有好报，人们为了纪念他们的善举，把小镇取名为“孙公铺”。

还有记载说，孙公的老婆贤惠孝顺。每天早上，她给公爹擦洗、喂饭后，就把老人搀到屋子的东山头，下午再把老人搀到屋子的西山头晒太阳。到了晚上，她自己先上床将床铺焐暖后，再把老人搀到床上睡觉。此举在当地被传为美谈，人们称之为“孙公焐”，后来渐渐讹传为“孙公铺”。

1937年日本侵略中国，祖国大好河山惨遭蹂躏，孙公铺的大部分房屋也被日本兵烧毁。然而，“孙公铺”这一美好的名称却流传至今。

农民的儿子成了大科学家

在19世纪末的苏格兰，有一位贫苦农夫。他心地善良，乐于助人。有一次他在田里耕作时，忽然听到附近的沼泽地里传来一阵呼救声。他迅速跑到沼泽地边，发现有一个男孩正在不停地挣扎，他急忙将这个男孩救了起来。

第二天，一位绅士驾着一辆华丽的马车来到了农舍，彬彬有礼地说他就是那个被救男孩的父亲，特来道谢。这位绅士表示要以优厚的财礼报答农夫，农夫却坚持不受，并一再申明："我不能因为救了你的小孩而接受报酬。"正在互相推让之际，一个英俊的少年突然从外面走进屋来，绅士瞥了一眼便问道："这是你的儿子吗？"农夫高兴地点点头说："正是。"绅士接着说道："那好，既然你救了我的孩子，那也让我为你的儿子尽点儿力，请允许我把你的儿子带走，我要让他受到良好的教育。假如这个孩子也像他父亲一样善良，那么他将来一定会成为一位令你感到骄傲的人。"农夫被绅士的诚意打动，答应了他的提议。

这个农夫的孩子不是别人，正是后来英国著名的细菌学家亚历山大·弗莱明，他还发明了青霉素。而那个被农夫救起的孩子就是二战时期英国的丘吉尔首相。

善良的孩子

年轻的电影导演沃尔特拿到了《中央车站》的剧本，需要从全国各地的小孩中选择一位来扮演男主角。这天，沃尔特来到一个车站，一个小男孩看到他后要为他擦皮鞋，他当即拒绝了这个孩子。于是，这个孩子问沃尔特能不能借给自己一些钱买个面包吃，等他擦鞋挣了钱，一定会还的。

这时，沃尔特才发现眼前这个瘦弱的孩子和自己想象中的电影男主角很相似。于是，沃尔特给了这个孩子买面包的钱，并且告诉这个孩子明天可以去他的工作室找他，不但有饭吃，还可以挣钱。

第二天，当沃尔特来到工作室的时候，惊讶地看到昨天擦鞋的小男孩不但自己来了，还带来了车站其他擦鞋的孩子。沃尔特在这些孩子中间发现，有几个人比这个擦鞋的小男孩更机灵，似乎也更适合当这个电影的男主角。但是最后，他还是决定让这个孩子来试试演男主角，因为他觉得小男孩和电影中的男主角一样，都是善良的人。

后来，这部电影获得了巨大的成功，一个在车站擦皮鞋的孩子就此成为巴西家喻户晓的明星，他就是文尼西斯·狄·奥利维拉。

罗伯多的善意之心

在一次锦标赛中，著名的高尔夫球星罗伯多获得冠军，回到宾馆准备休息。突然，房间的门铃响了，罗伯多起身打开门，宾馆的服务员对他说："罗伯多先生，一位妇女让我把一封信转交给您。"

罗伯多好奇地打开信，信中写道："我去年在一次车祸中丧失了劳动能力，丈夫因此离我而去。我的孩子最近病得厉害，再不救治后果不堪设想……"

罗伯多很想帮助一下信中的那位妇女。于是，他立即找到那位妇女，将奖金支票给了她，并说："你把这些钱拿去吧，给孩子好好治病，我希望你们能过得幸福！"

一周后，当罗伯多在一个乡村俱乐部就餐时，一位高尔夫球协会的职员听说了那件事情，对罗伯多说："罗伯多先生，那位妇女是个骗子，她根本就没有结婚，更没有生病的孩子。你被她骗了。"

"她是个骗子？我不相信！"罗伯多镇定地说。

"不信你就等着瞧吧，我敢和你打赌！"职员斩钉截铁地回应。令这位职员失望的是，自此以后他再也没有见过那位妇女。

半年后，职员感到自己要输掉这场赌局，就诚恳地邀请罗伯多去吃饭，以此表示歉意。罗伯多带着他驱车来到一家很远的小餐馆。当服务员送餐时，职员惊呆了，来送餐的正是那位在停车场行骗的妇女。

“你，原来是你……”职员一时语塞，而罗伯多却笑意盈盈。那顿饭他们吃得很坦然，也聊了很多。

那位妇女告诉职员，罗伯多给了她奖金支票的同时也给了她一张纸条，正是这张纸条改变了她的一生。纸条上写着：“朋友，我知道你在行骗，但我想用一颗善意之心感化你，希望你拿着这些钱去做正经事。因为心中有爱才能事业有成。”

慈善晚宴上的小女孩

2007年，刚刚卸任联合国秘书长的安南，在得克萨斯州的一个庄园里举行了一场慈善晚宴，旨在为非洲贫困儿童募捐，应邀参加晚宴的都是富商和社会名流。在晚宴将要开始的时候，一位老妇人领着一个小女孩来到了庄园的入口处，小女孩手里捧着一个看上去很精致的瓷罐。

守在庄园入口处的保安安东尼拦住了这一老一小。“欢迎你们，请出示请柬，谢谢！”安东尼说。

“请柬？对不起，我们没有接到邀请，是她要来，我陪她来的。”老妇人抚摸着小女孩的头对安东尼说。

“很抱歉，除了工作人员，没有请柬的人不能进去。”安东尼说。

“叔叔，慈善的不是钱，是心，对吗？”一直没有说话的小女孩露西问安东尼。她的话让安东尼愣住了。

“我知道受到邀请的人有很多钱，我没有那么多，但这是我所有的钱啊！如果我真的不能进去，请帮我把这个带进去吧！”小女孩露西说完，就将手中的储钱罐递给了安东尼。

安东尼不知道是接还是不接，正在他不知所措的时候，突然有人说：“不用了，孩子，你说得对，慈善的不是钱，是心。你可以进去，所有有爱心的人都可以进去。”说话的是一位老头，他面带微笑，站在小露西身旁。

他躬身对小露西说了几句话，然后直起身来，拿出一份请柬递给安东尼："我可以带她进去吗？"

安东尼接过请柬，打开一看，忙向老头敬了一个礼："当然可以了，沃伦·巴菲特先生。"

当天慈善晚宴的主角，不是募捐的倡议者安南，不是捐出300万美元的巴菲特，也不是捐出800万美元的比尔·盖茨，而是仅仅捐出30美元零25美分的小露西，她赢得了最热烈的掌声。而晚宴的主题标语也变成了这样一句话："慈善的不是钱，是心。"第二天，美国各大媒体纷纷以这句话作为标题，报道了这场慈善晚宴。

慈善

第六辑

- 人家帮我，永志不忘；我帮人家，莫记心上。——华罗庚
- 对待同志要像春天般的温暖。——雷锋

一家四代的承诺

刘延宝一家人与烈士墓的渊源要从1948年的济南战役说起。当时，有5位解放军战士的遗体被抬到神武村。刘延宝的爷爷刘修芝正在执行支前任务，受部队首长委托，他将5位烈士埋在了村南山下。事后，部队首长问刘延宝的爷爷能否帮忙照看烈士墓园，诚朴的刘修芝只说了三个字："俺能行！"山东人最讲诚、信、义，承诺的事再难也要办到。1976年6月，刘修芝老人去世前，把儿孙们叫到床前，再三嘱咐"要世世代代守好烈士墓"。

1982年，推行家庭联产承包责任制时，烈士墓所在的田地被分给了别人。为了保护墓地，刘延宝的父亲三番五次地找到村干部，经过协商后，用分到的一块好地换回了烈士墓地。此后，刘延宝和父亲在墓地四周种上了树木，把墓园整理得更加齐整、肃穆。父亲患病后，刘延宝担起了第三代义务守墓人的重任。每逢春节、清明节等节日，他就同两个弟弟一起，搀扶着老父亲到烈士墓前祭奠、培土。

1999年，村里修公路时，又发现了两位烈士的遗骨。刘延宝听说后，主动提出申请，将两位烈士的遗骨安葬在墓园里。目前，共有七位烈士在此长眠。刘延宝患病后行动不便，儿子刘增龙主动承担起了祭奠先烈、整理墓园的责任，继续践行着当年的承诺。

矿工家属党素珍

党素珍是山西省西山煤电集团公司杜儿坪矿的矿工家属。

1953年，党素珍跟随丈夫从乡村来到矿山。当时，矿井的条件十分艰苦，没有后勤服务。当她得知丈夫和矿工兄弟们下班出井后，呛得嗓子直冒烟，不能及时喝上热水时，觉得很心疼，便开始主动为矿工送水。

每天凌晨4点，党素珍就挑着一担开水，步行来到井口，为上早班的工人送上一碗热乎乎的开水。夏日，她就为矿工送上清凉败火的绿豆汤；寒冬，她又熬好姜汤水，为矿工们驱除风寒。后来，矿区有了电车，党素珍仍然在凌晨4点出门，把家属区4个公用厕所清扫干净，5点就挑着开水乘坐头趟电车准时到达井口。

矿工郭德安因事故造成下肢瘫痪，党素珍就一刻不离地守在病床边，悉心照顾他。在郭德安昏迷的三天三夜里，党素珍反复地呼唤着他的名字。郭德安苏醒后不想吃东西，党素珍就想方设法地为他做可口的饭，一勺一勺地喂给他吃。

在杜儿坪矿，被党素珍照顾过的伤员、病人有三十多个。五十年如一日，党素珍如慈母一般对待矿工，人们都亲切地叫她“党妈妈”。

乡村摆渡人

赵永录是黑龙江省桦南县阎家镇桦木岗村的村民。1960年，赵永录只身一人来到了倭肯河边开荒种田。倭肯河上一直没有桥，常常发生村民因过河而溺水身亡的惨剧。

看到一条条生命被河水无情地吞噬，赵永录就做了一条小船，开始义务为村民摆渡。自从有了他的摆渡和守护后，倭肯河段再也没有发生村民溺水身亡的事。1998年，当地发生百年不遇的特大洪水灾害，赵永录用小船把附近受到洪水威胁的居民一家一户地安全转移，等他回到自己的窝棚时，老伴已经被洪水逼到了炕上，再晚一会儿，炕就要被水泡塌了，后果将不堪设想。

赵永录无儿无女，却悉心养育了在倭肯河畔捡到的两个弃婴。如今，两个孩子已各自成家，生活美满。1994年初冬，邻村村民杨永新赶着牛车拉柴火过河时翻了车，赵永录听到呼救声后奋不顾身地跳入冰冷的河水中救人。将杨老汉救上岸时，赵永录的身上已经结了厚厚的冰碴儿。2009年春，赵永录又收养了双鸭山一对生活窘困、身体多病的父女，他不仅管父女俩吃住，还承担了他俩的医药费。2008年，赵永录被评为“感动龙江人物”。

好女婿刘延信

1973年，河南滑县小伙刘延信与同村姑娘谢兰娥喜结良缘。然而，天有不测风云，不久之后，谢兰娥因病撒手人寰，临终前她嘱咐丈夫要好好照顾自己的爹妈和患有先天性智障的弟弟。刘延信跪在两位老人面前说："爹、娘，兰娥不在了，我就是你们的亲儿子！"

1979年，刘延信的岳父患重度脑中风，瘫痪在床，再也没能站起来。家庭的重担全部压在了刘延信的肩上。岳父大便干结，他就用手往外抠；岳父喜欢听豫剧，他就省吃俭用买了一部收音机。他帮老人按摩、翻身、擦洗、活动，即便是老人心情不好骂他，他也一笑了之，从不计较。岳母体弱多病，刘延信就想方设法为老人买补品补养身体。老人头疼脑热时，他就守在病床前喂水喂饭、端屎端尿。弟弟先天呆傻，经常外出后不知道回家，刘延信就满大街找他。弟弟有时弄得满身都是屎，刘延信就哄着他换洗衣服，从不厌烦。

为了省下钱给老人治病、补充营养，4元钱一双的塑料凉鞋，刘延信补了又补，一穿就是6年。一件衬衣，他也整整穿了10年。刘延信的善良和真情，最终打动了一位善良的农家女——谢粉香。谢粉香心甘情愿地走到了他的身边，并与他一同支撑起了这个艰难的家。

学生之家

邓卫星是广东省英德市石太镇里的普通农民，他经营猪肉生意，人称“猪肉佬”。1981年，邓卫星遇到了一个爱读书却因为路远而失学的女孩陆秋贤，深受触动。为了让家乡辍学的孩子们能够继续读书，邓卫星与妻子在家里创办了“学生之家”，供穷困的学生寄宿。

每年一开学，许多穷困学生的家长就找到邓卫星，把孩子送来“学生之家”。1992年，邓卫星卖掉了两块珍藏的黄蜡石，倾其所有盖起了两层楼，除了自己一家四口住的3间房，剩下的房间全被拿来做了孩子们的宿舍。最多的一次，这里住过近50个孩子。为了把“学生之家”办下去，邓卫星只能精打细算过日子。猪肉、鸡鸭、大米都是自家种养的，柴是上山砍的，水是从山上引来的……即使如此，每年邓卫星都还要填进去一两万元。最贵的是电，还有就是孩子病了去医院打针、开药，每年都差不多要垫出两三千块。

不管再苦再难，邓卫星都没主动向别人伸过一次手。从1981年到2010年，先后有859个孩子住进了“学生之家”，并在镇上的学校完成了学业，其中大多数是留守儿童。镇政府负责人用“功德无量”四个字来评价邓卫星。

江阴老人张纪清

1987年6月，江阴市祝塘镇景阳村村民张纪清利用出差的机会，把自己养殖鳖虫的1000元收入作为捐助款，汇到了祝塘镇党委，并附言“转交（给）正在筹建中的祝塘镇敬老院，以此表示孝敬老人之心”。这是他第一次以“炎黄”的名字汇款。当时，1000元钱相当于一个普通职工两年的工资收入。

张纪清并不富裕，退休后的他月收入不足千元。老两口一直生活俭朴，依旧住着过去的老房子。在此后的几十年里，他每年都化名为“炎黄”或“黄炎民”，从无锡、张家港、上海等地邮局向敬老院、希望小学、地震灾区汇款，给中国青少年发展基金会捐钱捐物，资助革命老区和贫困地区的孩子上学。

2014年11月，在向云南鲁甸灾区汇出1000元善款后，张纪清突发脑梗晕倒在地，随后，他被送到医院。民警在排查老人身份时意外发现，他就是江阴人民寻找了27年的好心人“炎黄”。张纪清曾坦言署名“炎黄”是不想让被帮助的人有心理负担。

勇敢一生的谢海华

1988年2月7日，23岁的谢芳在与入室盗窃的歹徒搏斗时，身中9刀，留下了多种后遗症。那一年，刚刚从部队复员回乡的谢海华怀着对谢芳的崇敬之意，与这个善良勇敢的姑娘结婚了。

不久，他们的儿子出生了。但是，谢芳的身体却每况愈下，她的手和脚的韧带、肌肉开始不断萎缩，不久便瘫痪在床，生活也无法自理。

妻子卧床，儿子嗷嗷待哺，家庭重担都落在谢海华一个人的身上。谢海华开始认真学做家务活，洗衣、打扫、炒菜、熬药，帮妻子梳洗按摩、端屎把尿，抚养教育儿子……这一做就是三十多年。为了照顾妻子和孩子，谢海华不敢远行，只能守着家里的田地勉强维持生活。为给妻子凑钱治病，谢海华变卖粮食，拉下脸面挨家挨户地向亲朋好友借钱。

谢海华带着妻子四处求医，妻子的病情却丝毫未见好转。谢芳有时会灰心泄气，谢海华总是给予妻子最灿烂的笑容，鼓励她、开导她。2013年，谢芳面临子宫和卵巢切除手术，她要求放弃治疗。谢海华抱着妻子安慰道："一切都会好的，我会一直陪着你，我们都要坚持下去，坚持才有希望。"在丈夫的鼓励下，谢芳继续接受治疗。她感激地对丈夫说："我勇敢了一次，你却勇敢了一生！"

生死接力的送薪义举

1989年，出身于农民家庭的孙东林与哥哥孙水林组建起一支建筑队伍，开始在北京、河南等地承包建筑工程。

几十年来，孙东林守信如金，不论做什么事情都讲一个诚信，讲一份责任。孙东林常说："我也是农民出身，农民工兄弟跟咱辛苦干了一年，（如果咱）还拖欠他们的工钱，怎么能说得过去呢，明年谁还跟咱干呢？无论遇到多大（的）困难，绝不能影响工程质量，绝不能拖欠农民工兄弟一分钱。"

2010年2月9日，为了抢在春节前将农民工的工资发放到位，哥哥孙水林连夜开车从天津赶回黄陂，不料却在南兰高速河南兰考段遭遇重大车祸，一家五口不幸遇难。为了帮哥哥完成遗愿，孙东林带着事故车上的26万元，驱车15小时返乡，替哥哥给农民工发放工钱。钱不够发，孙东林毅然从自己的账户上取出6.6万元，仍然不够发，70多岁的老母亲宋腊梅就把自己1万多元的养老钱拿了出来。

由于孙水林已经遇难，农民工的工资清单已不知去向，孙东林就根据农民工凭良心报出的钱数，赶在除夕前将33.6万元足额发到60余名农民工手中，完成了感天动地的生死接力送薪义举。

孝老爱亲的洪战辉

1994年，洪战辉的父亲突发间歇性精神病，造成妻子受伤骨折，女儿意外死亡，家里欠下巨债。随后，父亲又捡来了一个和女儿年龄相仿的女婴。面对沉重的家庭负担，母亲离家出走了。年仅13岁的洪战辉，默默地挑起了伺候患病父亲、照顾年幼弟弟、抚养捡来妹妹的家庭重担。

为了挣钱养家，他做小生意，打零工，拾荒，种地。他利用课余时间卖笔、书、磁带、鞋袜，在学校附近的餐馆做杂工，周末还要赶回家浇灌8亩麦地。为了兼顾学业和谋生，他几乎牺牲了所有的休息时间。为了带好捡来的妹妹，洪战辉煞费苦心。晚上，他让妹妹睡在内侧，以防父亲突然发病伤及妹妹。妹妹经常尿湿床单、被子，他就睡在尿湿的地方，用体温把湿处暖干。从高中到大学，他一直将妹妹带在身边，每天都保证妹妹有一瓶牛奶和一个鸡蛋，自己却常常啃方便面。

为了治好父亲的病，洪战辉吃尽了苦头。2002年10月，父亲突然发病，因为没有钱，洪战辉不得不在一家精神病医院门前跪求医生为父亲治疗。在他的孝心的感染下，2005年底，河南省第二荣康医院主动将他的父亲接去诊治。在父亲的病情好转后，出走的母亲、打工的弟弟也相继回家，一家人终于重新团聚。

支教青年丁大卫

1994年，美国青年丁大卫来到中国，在一所普通的郊区小学任教。

后来，丁大卫独自来到甘肃兰州，在西北民族学院当起了大学老师。来到新学校的他，不接受学校给他制定的每月1200元的高工资待遇。他主动要求学校将他的工资降到900元，但是，校方一再坚持，最后，经过协商，学校给了他每月950元的工资。

央视《实话实说》节目组的主持人崔永元采访丁大卫，问他每个月950元的工资够不够用时，丁大卫轻松地说，他每个月的工资除了买些饭票，就用来买些邮票，再给家里打几个电话，三四百元就够用了。他朴素的语言打动了现场的观众，观众们不停地鼓掌。而当他打开随身携带的背包时，全场人震惊了！背包里面有两套换洗的衣服，其中一件是他父亲穿了40年的旧军装，一双破得不能再破的运动鞋，一个全家福相册，一面五星红旗，还有几件生活必需品，这就是丁大卫当时在中国6年所积累的全部财富！

参加完《实话实说》的丁大卫出名了，许多电视台想要邀请他参加节目，也有许多学校表示可以为他提供更好的工作和待遇，而他却做了一个出乎所有人意料的选择，独自去了甘肃省东乡族自治县。这是个当时被评为地球上极其艰苦，最不适宜人类居住，甚至令人绝望的地方。丁大卫一直坚信一个道理：做老师，就是要到最需要老师的地方去。

拾荒老人刘盛兰

刘盛兰是山东省烟台市蚕庄镇柳杭村的一位普通村民。1998年，他在报纸上看到了一则救助报道，深受感动。

从那时起，刘盛兰开始将自己微薄的工资捐献给贫困学生。每天一大早，刘盛兰就骑着自行车走村串巷，四处收集废品。然后他就前往集市，捡拾别人丢弃的蔬菜叶子以供日常生活所用。从捐资助学开始，刘盛兰几乎没尝过肉味，没添过一件新衣，“吝啬”得连一个馒头都舍不得买。他对自己很“抠门”，但在给学生捐钱方面却最大方。最多的时候，刘盛兰同时资助着50多名学生。微薄的工资让他在资助学生时有些力不从心。刘盛兰每个月300块钱的工资没办法分给50个人，就只好这个月寄给这个人，下个月寄给那个人，轮着给每一个人。刘盛兰一直没进养老院，这样就能拿到每年4000元的生活补贴。他把这些钱全部捐给了贫困学生。在刘盛兰家中，有一个他珍藏的深蓝色布袋，里面装满了汇款单和回信。这么多年过去了，刘盛兰也不记得自己究竟汇出去了多少钱、收到了多少封信。

2013年，刘盛兰因病住院，但是，他仍然惦记着捐资助学，担心汇款中断会影响孩子们的求学之路。多年以来，受他资助的学生有100多人。在刘盛兰住院期间，很多受他资助的孩子回来看望他，照顾他。

足底按摩师刘丽

刘丽出生在安徽颍上县一个贫穷的农村家庭。因家境贫寒，她14岁就从初中辍学，外出打工，挣钱补贴家用。

后来，经老乡介绍，刘丽进入厦门的一家足浴城当足底按摩师，俗称“洗脚妹”，月收入3000元。随着家庭经济状况的好转，刘丽产生了一个想法：帮助更多的贫困学生重返校园，不让他们像自己一样留下遗憾。刘丽每月只留下500元作为生活开支，剩下的2500元除了给家里寄一些之外，其余的都用来资助学生。她先是资助了家乡的20名贫困大学生，从2006年起，她又通过厦门市妇联，对当地中小学的贫困学生进行一对一资助，共帮助上百个孩子实现了读书梦。

每逢“六一”儿童节，她都会带上学习、生活用品，专程到偏远的山村看望她资助的孩子。2011年元宵节，刘丽偶遇黎艳和她的父母。黎艳9岁了，患有严重的先天性心脏病，可是14万元左右的手术费愁坏了打工的父母。在了解情况后，刘丽马上行动，除了自己捐款外，她还呼吁爱心人士为黎艳捐款，很快就筹集了5万多元。

刘丽经常一边为顾客捏脚，一边把失学孩子的情况告诉顾客，一些好心的顾客就会慷慨解囊，跟她一起参与助学公益活动。刘丽的愿望是多挣些钱，将捐资助学行动进行到底。十多年来，刘丽资助过的孩子有上百人，其中，接受她固定资助的孩子有53人。刘丽把攒下来的大部分积蓄都捐给了贫困学生，自己却一直过着艰苦朴素的生活。

助学模范阿里木江

2001年，阿里木江·哈力克来到贵州省毕节市以卖烤羊肉串谋生。他的生意越来越好，赚的钱也多了起来。看到很多孩子因为贫穷上不起学，阿里木江萌生了捐资助学的念头。

2002年4月，阿里木江把500元交到了毕节师专贫困生赵敏的手中。2003年12月，阿里木江看到患肾病的男孩周勇，交不起医疗费，他就立刻向记者朋友求助，又组织捐款为周勇治病。后来，有两家医院被阿里木江感动，承诺免费给周勇治病。

2007年11月，在得知大方县达溪镇聚河小学的学生缺书包，学校很长时间没举行升旗仪式时，阿里木江就买了181个新书包和一面五星红旗，借了一匹马，用了两个多小时翻山越岭，把这些东西送到了学校。听说一所小学有41名学生交不起学杂费，他就马上冒雨送去5000元；从新闻中偶然看到一名大学生在井下挖煤，他就每月给这个大学生100元生活费……阿里木江还在贵州毕节学院（现为贵州工程应用技术学院）和贵州大学设立了“阿里木江助学金”，专门用来资助贫困学生。

2002年至2010年间，阿里木江卖出了30多万串羊肉串，他将攒下的10多万元全部捐献出来资助了上百名贫困学生。阿里木江曾经在第三届全国道德模范评选中荣获“全国助人为乐模范”称号。他在平凡的生活中创造了伟大，演绎了人间大爱，是当代青年的骄傲。

两次捐献骨髓的厉莉

厉莉5岁那年，她年仅12岁的表姐被白血病夺走了生命。这在厉莉幼小的心灵里留下了深刻的印象：“白血病是与死亡相连的。”懵懂中，她暗下决心要为白血病患者做些什么。

2002年2月，厉莉登记成为一名光荣的造血干细胞志愿捐献者。她牢记着自己的这份承诺和责任，每当地址变更都会及时通知中华骨髓库。2007年，中华骨髓库打来电话告知厉莉，一位患有白血病的小女孩小颖需要她的帮助。厉莉毫不犹豫地答应了。当时，她即将步入婚姻的殿堂，因为怕父母担心，就瞒着二老，一边筹备婚礼一边悄悄地做起了骨髓捐献前的准备。婚礼结束后不久，厉莉捐献出骨髓，小颖手术治疗成功，恢复了健康。此后，厉莉始终挂念着小颖，经常通过电话、短信等鼓励她。

2009年3月，小颖再次发病。此时，厉莉已过而立之年，如果再一次捐献骨髓，她的“生子计划”至少要推迟两年，到时将面临高龄生产的危险。但是，在丈夫的支持下，厉莉自费飞赴上海，进行第二次骨髓捐献。

厉莉两次捐献骨髓，不仅给他人带来新生，更以无私博爱的精神谱写了感人至深的生命赞歌。

温州有个“兰小草”

2002年11月，《温州晚报》记者袁寿省收到一个包裹，里面放有2万元现金和一封署名“农民的儿子兰小草”的信。信中写道：“这2万元是我们辛苦挣来的，捐给那些急需帮助的孤儿寡母……”里面还有一张纸条：“希望用33年时间，每年捐献2万元‘星雨心愿’善款，以报答国家社会的培养之恩，报答农民‘粒粒皆辛苦’的养育之情……”

此后连续14年，每年11月中下旬，“兰小草”都会雷打不动地送来2万元。为了揭晓“兰小草”的身份，媒体、慈善机构等用过派人盯守、安装摄像头等方法追查，但是，善于“游击”的“兰小草”总是一闪而过，或者干脆辗转请人代送，让人无从辨认。那些年，尽管“兰小草”的身份仍未确定，但他的爱心和诚信感动了无数市民。2009年，“兰小草”荣获“温州改革开放三十年十大慈善人物”，但是，在领奖台上依然不见其身影。

直到2017年，袁寿省接到温州市民王瑜的电话。王瑜告诉他，“兰小草”是其二哥王珏，已不幸病逝。王珏常对家人说，帮助别人不需要说，做了就好，为什么一定要让别人知道呢？弥留之际，王珏嘱咐家人要多做公益。

带着家人上大学

杨怀保出生于陕西省一个贫穷的农民家庭。他的童年是在饥饿、病痛中度过的。在杨怀保读初中二年级时，他的母亲身患重病，在西安动了大手术。手术保住了杨怀保母亲的生命，却使其丧失了劳动能力，杨怀保家也因此债台高筑。年仅13岁的杨怀保利用课余时间上山挖药、种地，坚强地挑起了家庭的重担。

在杨怀保读高中三年级时，他父亲的腿被砸伤，父亲丧失了劳动能力；由于手术后遗症，母亲的身体状况更差；弟弟读书也需要人照顾。各种压力让杨怀保的学业几乎不能进行下去，可他仍积极乐观地面对这一切。

2003年，杨怀保以优异的成绩考入湘潭大学。进入大学后，他始终放心不下重病在身的母亲、失去劳动能力的父亲和幼小的弟弟。他先后把一家人接到自己身边，并利用自己兼职挣来的钱给父母治病，给弟弟交学费，最辛苦的时候，他同时做了7份兼职。身心的疲惫与繁重的压力让杨怀保多次晕倒，但他仍执着地用自己的辛劳换取一家人的安定祥和。为了更好地照顾父母和弟弟，杨怀保放弃了高薪的工作，选择边读研究生边照顾家人。

为了孩子

1982年4月，徐本禹出生在山东聊城一个贫穷的农村家庭。1999年，徐本禹考入华中农业大学。在大学里，徐本禹得到了学校和社会的许多关心和帮助。

2003年，徐本禹考上了华中农业大学的公费研究生，但是他没有立即就读，而是选择保留研究生入学资格两年，来到了当时不通水、不通路、不通电的贵州省大方县猫场镇狗吊岩村为民小学义务支教。在狗吊岩村，由于天天吃玉米饭、酸汤和辣椒，徐本禹得了胃病，瘦了10多斤。在为民小学，徐本禹负责五年级一个班的所有课程，一周要上6天课，一天的上课时间达到了8个小时。2004年7月，徐本禹又来到了条件更加艰苦的大方县大水乡大石小学支教。在贵州支教的两年，徐本禹都没有回家过年。贵州支教结束后，徐本禹先后20多次到贵州开展助学活动。

返校读研期间，徐本禹创办了红杜鹃爱心社。徐本禹和红杜鹃爱心社先后为贵州20余所中小学建立了图书室，为贫困山区培养了400余名乡村教师。

徐本禹从繁华的城市走进大山深处，用他瘦弱的肩膀扛住了倾颓的教室，给孩子们带去了希望。

青岛“微尘”

2004年底，印度洋突发海啸，其间，一对中年夫妇走进了青岛市红十字会，他们说要替朋友为印度洋海啸灾区的灾民捐款5万元。当工作人员问其姓名以便开具收据时，他们留下了“微尘”的化名。

对于普通的个人捐款者来说，5万的数目不算小，而这对中年夫妇“微尘”却说：“人都应该有一颗感恩的心，自己是很平凡的人，做的事也很微小，就像一粒微不足道的尘埃，只想平静地做些该做的事。”

在青岛市红十字会的记录中，“微尘”在“非典”时期捐款2万元，在新疆喀什地震时捐款5万元，为白血病儿童捐款1万元，为湖南灾区捐款5万元……于是，青岛开始了“寻找微尘”的行动。虽然最后人们并没有找到“微尘”，但是社会上涌现出成百上千个新的“微尘”。在青岛的大街小巷，在机关、部队、学校、工厂、农村，在一个个募捐站，人们频频听到“我叫微尘”的回答。在青岛市红十字会的每个捐款本中，有近半数捐款人是“微尘”。“微尘”这两个字成了青岛公益事业的一个符号。

为弘扬这种无言的奉献精神，青岛市投资300万元，历时2年拍摄了以“微尘”事迹为题材的公益电影《寻找微尘》，该电影上映后在社会上引起了巨大反响。2008年8月，“微尘”标识被正式注册为公益类商标，随后，青岛红十字微尘基金也应运而生。微尘基金坚持“微尘有情，博爱无疆”的爱心理念，以关注儿童“生命、健康、教育”为宗旨，付出的爱温暖着各式各样的群体，也感染着更多爱心人士加入“微尘”。国家羽毛球队前总教练李永波、演员黄晓明、国家一级编剧赵保乐和歌手江涛等都是“微尘”的一分子。

张云霞拾金不昧

张云霞是甘肃省武山县城关镇石岭村村民，她生活在一个父母身体虚弱、爷爷患肺心病、奶奶患糖尿病综合征的贫困家庭。为了挣钱支撑困难的家庭，高中毕业后，张云霞放弃了上大学的机会，长期在南方打工。

2005年11月，得知奶奶病危的消息后，张云霞从深圳赶回家中，终日为老人喂水喂饭、端屎端尿，精心伺候奶奶。一天，张云霞乘车到县城，先买了一袋食品，然后来到一家百货商店买热水袋。为了提拎方便，张云霞向店主要了一个能装下食品和热水袋的塑料袋。店主帮她把食品和热水袋一同装进了一个黑色塑料袋。

回家取出物品时，张云霞发现塑料袋里多出一个黑色公文包。她打开一看，里面竟然装有4.2万元现金。张云霞立即意识到，这肯定是店主误把别人的钱装进了她的袋子！她迅速带着装有巨款的公文包赶往县城，直接来到了那家百货商店。这时，丢失巨款的某学区会计正焦急万分地想办法，因为这是他刚从县财政局提取的困难学生减免款。面对失而复得的巨款，这位会计十分感动，他当即拿出2000元递给张云霞以示感谢。张云霞婉言谢绝后，冒着雨雪踏上了回家的路。

魏青刚勇救落水女青年

2005年8月8日，青岛市崂山区沙子口附近海域巨浪滔天。河南小伙儿魏青刚在海边散步时，发现不远处有一名女青年被巨浪卷入海中。危急时刻，魏青刚纵身跳入巨浪中进行营救。当魏青刚抱着落水女青年挣扎着向岸边游去时，一排巨浪将他们打散，女青年又被卷入大海。这时，体力不支的魏青刚只好自己爬上岸边。

青岛市公安局崂山分局沙子口边防派出所的民警接到报警后，急速赶到现场。正当警察商量解救方案时，魏青刚自告奋勇地对民警说："我下去过一次，对情况熟悉，让我再下去救人吧！"说罢，他穿上救生衣，套上救生圈，又跳入波涛汹涌的大海中。可是，海浪越打越高，落水女子被一排排巨浪遮挡，魏青刚怎么也看不见她。在多次努力之后，他只好又返回岸上。

突然，魏青刚瞅准了落水女青年的位置，又一次毫不犹豫地跳入大海。他慢慢地靠近落水女青年，紧紧地抓住她的手，将她拖向岸边。

把女青年救上岸后，浑身是水的魏青刚正准备离去时，民警拦住了他，问他姓名及住址。魏青刚只是说："我是河南的，在这里打工。"然后就扭头消失在了人群之中。

见义勇为的赵传宇

2007年1月22日下午，76岁的张多平老人在长江荆江段江边洗衣服时不慎滑入江中。老人落水处水流很急，转眼间，她被汹涌的江水卷离江岸好几米远。

正在江边散步的长江大学学生赵传宇听到呼救声，来不及脱掉衣服、鞋子，便纵身跃入冰冷的江中。这一段水深湍急，漩涡极多，落水人员生还概率很小，生活在此的本地人也不敢轻易下水，而赵传宇却在这刺骨湍急的江水中急速游到老人身边。他一手托起老人头部，另一只手朝岸边游去。两人的棉衣因浸水而变得越来越沉，赵传宇也越来越吃力。终于，他奋力游到了岸边，把老人推上了岸，老人得救了。上岸后，有人询问他的名字，赵传宇笑而不答，他裹着湿透的棉衣，从人群中悄然离去。

事后，张多平老人一家经多方打听，才了解到救起老人的这位年轻人叫赵传宇。张多平家人为了感谢赵传宇，硬要给他2000元。赵传宇多次拒绝无果后，便将这笔钱捐给了希望工程。他说：“这钱应该捐给比我更需要的人。”

唐山十三义士

宋志永、杨国明、杨东、王加祥、王得良、宋志先、王宝国、王宝忠、曹秀军、尹福、宋久富、杨国平、王金龙等十三位村民，是河北省唐山市玉田县人，年龄最大的62岁，最小的只有19岁。

2008年初，特大雨雪冰冻灾害袭击了我国南方部分地区，灾情牵动着全国人民的心。大年三十下午，唐山农民宋志永和12名乡亲租了一辆中巴车奔赴灾区湖南郴州抗击雨雪冰冻灾害。正月初二上午，他们到达郴州电力抢险指挥部，成为一支编外“搬运队”。他们每天起早贪黑、踏雪履冰，为抢修工地扛器材、搬材料、抬电杆，一干就是半个多月，直到完成任务后才返回家乡，他们被当地媒体誉为“唐山十三义士”，被郴州市授予“荣誉市民”称号。

2008年5月12日下午，宋志永和12位农民兄弟得知四川汶川发生了大地震，又主动来到灾情最重的四川北川县城，成为进入北川抗震救灾的第一批志愿者。他们用最原始的方法——铁锤砸、钢钎撬、徒手刨，不断寻找幸存者。他们与解放军一起抢救出25名幸存者，挖掘搜寻了近60具遇难者遗体。后来，宋志永又将246名灾区孩子接到唐山玉田上学。宋志永被共青团中央评为全国“五四标兵”，获得“中国十大杰出志愿者集体负责人”等荣誉称号。

乡村医生唐中和

唐中和是湖南省新宁县丰田乡庄丰村的乡村医生，他13岁时因患上麻风病被送到胭脂凼村。胭脂凼村被称为“麻风村”，医生每三天进村一次，聪明、好学的唐中和被医生选为小帮手。他在接受治疗的同时，跟医生学着治疗麻风病，渐渐地了解了一些医疗知识，成了一名“编外医生”。

唐中和自学中草药治疗溃疡的方法，挽救了很多患者的生命。他康复时，病友刘成冬等人找到他说：“小唐医生，听说你要回老家去。你要是走了，我们怎么办啊？”望着那一双双乞求的目光，本可以离开麻风村的唐中和说出了为之坚守了一辈子的话：“放心，我不会丢下你们不管！”为了这句承诺，他三次放弃了离开麻风村的机会，远离自己的家园故土和挚爱妻儿，在地处大山、条件艰苦、人迹罕至的麻风村孤独坚守了几十年。

几十年来，唐中和像“村长”一样守护着麻风病患者，为他们治病抓药，为他们送米添衣，为他们中的逝者送终尽孝。他每天手提马灯、肩背药箱，在草丛里疾行，跌倒摔伤是常有的事，但他从未误过对病人的治疗。由于种种原因，唐中和始终没有正式的医生身份，他每个月的工资加上手机费、生活费补贴也不足800元，待遇十分低。唐中和曾说："如果为了钱，我早离开这里了。我就是觉得，做人要信守承诺，说到做到。"他用实际行动实现了自己的诺言，诠释了人生的价值。

“最美女孩”孟佩杰

孟佩杰出生于1991年，5岁那年，她的生父去世。迫于生活压力，母亲将她送给刘芳英夫妇抚养。不久，孟佩杰的生母因病去世。1998年，养母刘芳英患病，失去了劳动能力，养父离家出走，孟佩杰开始承担起照顾瘫痪养母的重任。

孟佩杰每天早上起来给炉子添炭、掏灰。身子小，够不着灶台，她就站在小凳子上。她为养母洗衣服、擦洗身子，手冻得又红又肿，膝盖也不知磨破了几层皮。孟佩杰初中毕业时，养母病情恶化并完全丧失了自理能力，她先是选择就近学习，后面决定带着养母去上学。孟佩杰在离学校近的地方租了房子，并向学校申请了走读。她每天为养母做饭、喂饭，给养母擦洗身子、活动筋骨、敷药按摩、洗漱更衣、端屎倒尿，然后赶回学校上课，一天天就这样奔波在课堂和出租屋之间。

由于养母久病卧床、大小便失禁，患上了褥疮，孟佩杰一天要帮其翻身、擦身多次。为防止褥疮扩散，她每天放学回来都要给养母洗衣服和床单。孟佩杰还专门向老中医请教护理方法，天气暖和时，她就把养母抱到窗前晒太阳。遇到养母排便不畅，她就用纤细的手指，帮养母把那些又黑又硬的粪便一点点抠出来。孟佩杰始终任劳任怨，悉心照料着养母。

2011年6月，孟佩杰因孝心在网络上走红，被人们称为“最美女孩”。2012年2月，孟佩杰被评为“感动中国”2011年度人物。

奋不顾身的吴菊萍

2011年7月2日，在浙江省杭州市滨江区的一处住宅小区，2岁女童妞妞突然从10楼的窗台坠落。

在楼下目睹小女孩坠落的人们一片惊呼。接下来发生的一幕，让在场的所有人都惊呆了。只见穿着小格子连衣裙的吴菊萍快速甩掉高跟鞋，伸开双臂往前冲了过去，在妞妞即将落地的一刹那，她用左手臂硬生生地接了小女孩一下。就听到“砰”的一声，吴菊萍被撞击昏倒在地，小女孩压在了吴菊萍的左手臂上。

小女孩得救了，但吴菊萍的手臂瞬间被巨大的冲击力撞成粉碎性骨折，伤势非常严重。手术后，医生表示吴菊萍的伤需要半年才可以康复。事后有网友估算出，在吴菊萍接到小女孩的一瞬间，她的手臂承受了约335.4公斤物体的重量。

人们赞赏吴菊萍的母爱之举，亲切地称她为“最美妈妈”。

生死之间

2013年2月11日，刘发燕和妻子带着10岁的女儿萍萍和6岁的儿子淇淇，乘船去湖南怀化的亲戚家拜年。因驾驶员操作不当，加上风大水急，江水涌进船舱，船体迅速倾斜下沉。在生死攸关的时刻，刘发燕纵身跃入江中，凭借着良好的水性和在部队抢险的经验，快速游到了岸边，找到一艘小木船，迅速地划向激流汹涌的江中营救落水乘客。

很快，在刘发燕的奋力营救下，同船的12位村民中已有6名安全上岸。此时，刘发燕发现远处有一个人影被冲出去了二三十米远。他拼命将船划到近前才看清楚这个人就是他的儿子淇淇！可是淇淇因溺水时间过长再也醒不过来了。刘发燕数了一下岸上的人，发现老婆、女儿和另外两名妇女都不在。他强忍着心中的悲痛，再次登上船划向江中。他不停地呼喊着老婆和女儿的名字，可是波涛滚滚的江面没有半点儿踪影和回音。两个小时后，他在离出事地50米远的江滩边找到了妻子的遗体。三天后，女儿萍萍和另外两名妇女的尸体被打捞了上来。

在这次灾难中，全船12个人，有7人生还，刘发燕的妻子、10岁的女儿、6岁的儿子和另外两名妇女不幸遇难。时隔多年，当再次提起当年的事故时，刘发燕说："我当时没有想着先去救谁，完全是凭着本能做了那一切。"

从女诗人到父亲的全职护理

“感动中国”2014年度人物朱晓晖是黑龙江省绥芬河市人，她曾在报社工作，当年是一位小有名气的女诗人。2002年，她的父亲患上了弥漫性脑梗死，从此瘫痪在床，失去了生活能力。为了更好地照顾父亲，朱晓晖辞掉了在报社的工作。为了给父亲治病，她卖了房还欠下了一身债务。因为不堪重负，朱晓晖的丈夫带着孩子离开了她。此后，朱氏父女在社区的车库里安了家，一住就是13年。

父亲生病前，朱晓晖喜爱读诗、写诗；父亲生病后，朱晓晖看得更多的是医学护理和养生方面的书籍。朱晓晖每天都要给父亲擦洗身体，在她的细心照料下，老人卧床13年都没有得过褥疮。但是，常年的操劳使得才41岁的朱晓晖已满头白发。两人生活的唯一收入来源是老人每个月一千多元的养老保险。父亲治病的开销不能省，朱晓晖只能去市场里捡人们不要的菜给父亲吃，自己则用咸菜和米饭度日。

虽然生活环境艰苦，但朱晓晖一直努力让父亲生活得更舒适些。除了每天照顾父亲的起居外，朱晓晖在周末还有一项重要的工作，就是给三四个“债主”的孩子补习。对于别人的帮助，朱晓晖感恩在心，她也在用自己的行动把爱和善意传递给更多的人。

车轮下的生命

2015年5月22日傍晚，12岁的周美玲吃完晚饭，陪妈妈胡金华出门散步。

当她们走到一个丁字路口时，美玲看到小男孩周周正横过马路。这时，一辆满载砂石的大货车正疾驰开来。周周完全没有意识到危险，还在一个劲儿地往前跑，眼看就要被大货车撞上。在这危急时刻，美玲飞快地冲向路中间，奋力地将周周往回拽。两个人摔在了一起，紧接着她用力将周周推向路边。就这样，周周被推到安全地带，躲过了一劫。此时，大货车司机已经紧急刹车，可是巨大的惯性让车子撞上了来不及爬起来的美玲。

当晚7时许，美玲被紧急送到了中南大学湘雅附一医院抢救。经检查，美玲的左腿部分肌肉与骨头基本脱落，神经、血管、肌腱严重受损。美玲妈妈和在痛苦中呻吟的美玲都坚决不同意截肢。于是，美玲开始接受一次次漫长而又极其痛苦的“炼狱之旅”。一直守护在旁的美玲爸爸周炬说，美玲一共经历了4次手术，每一次都伴随着剧烈的疼痛，但是这个坚强的孩子都挺过来了。经过治疗和护理，美玲的腿终于保住了。

周美玲勇救男童的英雄事迹传遍了湖南，感动着世界。

救火英雄王海滨

2015年6月16日凌晨，上海市闵行区华漕镇诸新三村14号楼突然起火，家住5楼的王海滨最先发现火情。随后，他一头扎进浓烟之中，挨家挨户地敲门，叫醒熟睡的邻居。母亲最初还能听见他在3楼、4楼大声呼喊，后来就没了他的声音。家住4楼的王女士被王海滨叫醒后，想开门看个究竟。结果门才开一个小缝，浓烟就伴着烈焰一拥而入，将她的头发烤焦了一撮，她的手也被烫伤了一块。王海滨就是在这样的高温中，一直敲门。小区门卫顾师傅、陈师傅发现火情后，立即到楼下尝试开门救火。但是，此时单元楼的铁门已被烧得滚烫，门卫师傅没有钥匙根本无法开门。危急之中，王海滨从浓烟中现身，强忍着疼痛打开了防盗门。门卫师傅赶紧用灭火器灭火，王海滨却一头栽倒在地。消防车和救护车先后赶到，消防员扑灭余火，从楼内疏散出15人。

如果没有王海滨的呼救，后果真的不堪设想！经过急救，王海滨脱离了生命危险，但他全身88%的皮肤被严重烧伤。王海滨是当之无愧的救火英雄。

带父上学的陈春林

广西贺州"90后"女孩陈春林原本有一个幸福完整的家。然而，天有不测风云，在她9岁那年，母亲因脑出血离开了人世，15岁那年，父亲又因中风导致偏瘫、卧病在床。陈春林不得不挑起生活的重担。

为了更好地照顾父亲，陈春林决定休学一年。2013年，渴望读书的陈春林又重新回到了学校，她决心一边学习一边照顾父亲。为了让父亲尽快康复，她每天给父亲按摩全身，搀扶着父亲做四肢屈伸动作，有时一做就是几个小时，她的胳膊经常酸得抬不起来，但她咬牙坚持着。就这样，学校和医院的两点一线成了陈春林每一天的生活轨迹。

为了不落下功课，陈春林争分夺秒地学习，她每天都在教室自学到晚上11点，直到教室关门。辛勤的付出终有回报，陈春林的成绩一直保持在全年级前列，她不仅是师生眼中的"孝女"，还是同学们心目中的"学习尖子"。

2014年，陈春林以七科全A+的优异成绩被贺州市重点中学贺州高级中学录取。贺州高中在校内提供了一间房给陈春林和她父亲居住，使她得以一边上学，一边照顾父亲。

2016年5月，陈春林荣获第二十届"中国青年五四奖章"。